JR東海道線・横須賀線
沿線の不思議と謎　東京近

松本典久・編著
Norihisa Matsumoto

JIPPI Compact

実業之日本社

はじめに

通勤・通学の足としておなじみの東海道本線や横須賀線――。平日だけではなく休日も、湘南や鎌倉方面などへ向かうレジャー客でいつも混雑する路線だ。

これらの路線は、こんにち、昔と比べてとても便利で快適になっていることにお気づきだろうか。

かつては、[東京]駅や[上野]駅、[東京]駅といったターミナル駅を起点として各方面へ列車が出発していた。しかし、上野東京ライン、湘南新宿ラインなど、都心部を通り抜ける運行方式が導入され、東海道本線や横須賀線と東北本線や高崎線などで直通運転が行なわれるようになっている。[東京]駅ホームの行き先表示には、平塚や小田原、熱海といった東海道本線方面だけではなく、大宮や宇都宮、高崎、水戸といった駅名を見ることができる。

これまでは乗り換えが必要だった区間の移動がスムーズになり、利便性が増した。その半面、従来は始発駅だった駅では、座れなくなったなどの不便さも生じた。

しかし、上野東京ライン、湘南新宿ラインの各列車に連結されているグリーン車や、確実に座れる「ライナー」の登場は、わずかの追加料金で乗ることができ、残業続きで疲れた体を休め翌日への鋭気を養うにはとてもうれしいサービスだ。

かつて［東京］駅といえば、夕方になると西日本方面に向かう寝台特急（ブルートレイン）が次々と発車する光景が眺められたものだ。

それなのに現在では、「サンライズ出雲・瀬戸」という寝台特急電車が残るのみとなっている。新幹線が整備され車内泊までして移動する必要がなくなり、利用者が暫時減ってきたためだ。

ＪＲ各社では新型車両を導入したり車両を更新したり、駅や施設の改良もあちらこちらで行なっている。とりわけ、ＪＲ東日本が管轄する首都圏では、運行体系まで含めて大きく変わりつつある。その変貌ぶりは、想像すらできないほどダイナミックだ。

本書は、こうした、いつのまにか変わっていた、あるいは変わりつつある日常の風景を、とりわけ変化のいちじるしい東海道本線・横須賀線にスポットを当て、鉄道の事情や地域の事情も含めて解き明かしていく。通勤・通学などで毎日乗る電車の車窓から見える風景が少し違って見え、興味を持っていただけたら幸いである。

平成30年5月

松本　典久

目次

第1章　東海道線・横須賀線の利便性の謎と列車の不思議

【お詫びと訂正】

『JR 東海道線・横須賀線沿線の不思議と謎』におきまして、以下の誤記がありました。お詫びして訂正いたします。

・14 ページ 3 行目
× 約 2247 万人となっている
→◎500 万人を超えている

・21 ページ 6 行目
× ［小田新田］駅
→◎［小島新田］駅

・39 ページ 4 行目
× 往復 34 線
→◎往復 34 銭

・58 ページ 6 行目
×4 番線は山手線（内回り／上野方面）、5 番線は山手線（外回り／品川方面）
→◎4 番線は山手線（外回り／品川方面）、5 番線は山手線（内回り／上野方面）

・60 ページ 4 行目
× ［新橋］駅同じく
→◎［新橋］駅と同じく

・65 ページ 4 行目
× ［京浜川崎］駅
→◎［京急川崎］駅

・68 ページ後ろから 5 行目
×200 万人に迫るほどの規模になる
→◎文末に「（JR は乗車人員）」を追加

・75 ページ後ろから 4 行目
×16 万人を超え、ＪＲの乗車人員よりも約５万人も多い
→◎８万人を超えている

・76 ページ見出し
× 神奈川県内有数のターミナル駅
→◎テラスモール湘南の人気で魅力度増加中

・85ページ6行目
×1981（昭和56）年
→◎1951（昭和26）年

・88ページ後ろから5行目
× 年にが発表された初版のもの
→◎年に発表されたもの

・164ページ後ろから3行目
× ［横浜」駅
→◎［横浜］駅

・219ページ図版
太線で囲った部分を入れ替え

×

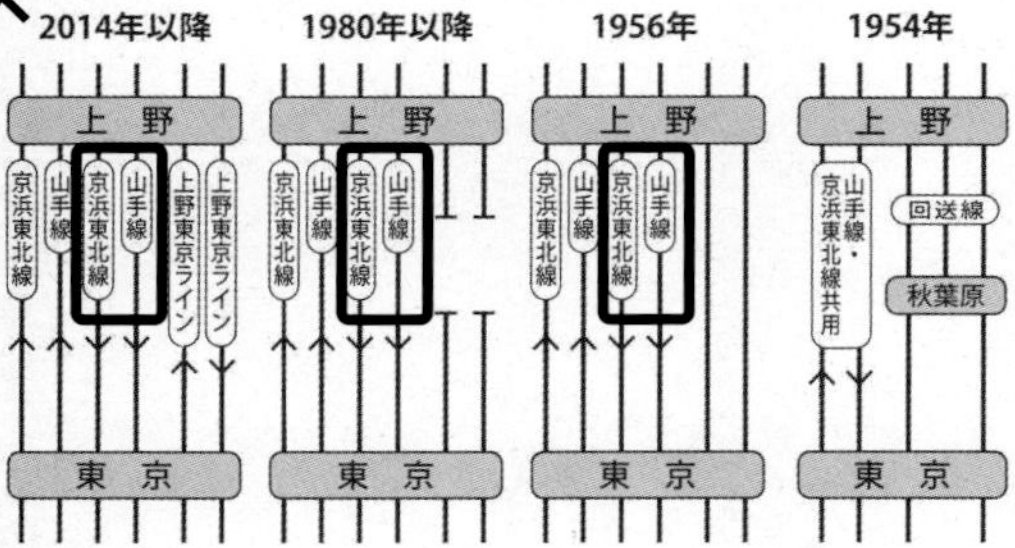

◎

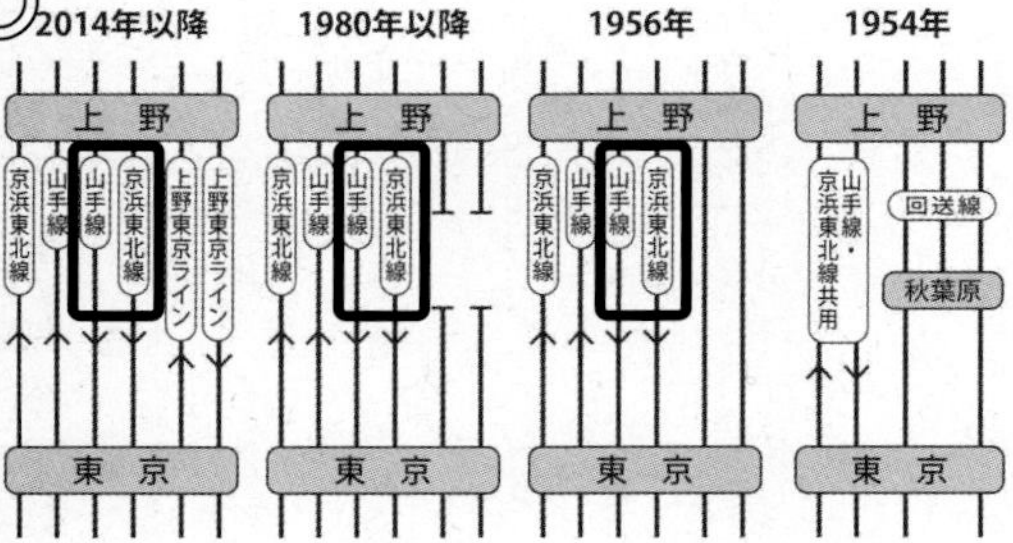

第2章 東海道線・横須賀線 各駅物語

第3章 東海道線・横須賀線の歴史

◉本書で使用している駅名や鉄道用語の表記などについて

①駅名の表記については、地名との混同を避けるため［　］を用いています（例＝［品川］駅）。適宜、「駅」は省いています。

②「東海道線」「東海道本線」の呼称は、さまざまな使われかたをしています。本書では必要に応じて使い分けていますが、書名や章タイトルなどについては正式名の「東海道線」としています。

③鉄道用語には独特な使用の決まりがありますが、本書では、できるだけわかりやすくするため、一般的な言葉に言い換えているものがあります。たとえば、「駅」と「停車場」については、明治・大正・昭和初期と現在では使い方が異なり、また現在でも使い分けがなされています。しかし、支障のない限り一般的な「駅」で統一しています。

④第3章で、各駅の乗車人員数を紹介しています。これは、その駅で1日に何人が乗車したか（改札口を通ったのか）を表しています（ＪＲ東日本の公表データ）。降車の人数はカウントしていないため、いわゆる「乗降客数」よりは少なくなっています。

◉東海道線・横須賀線　路線図

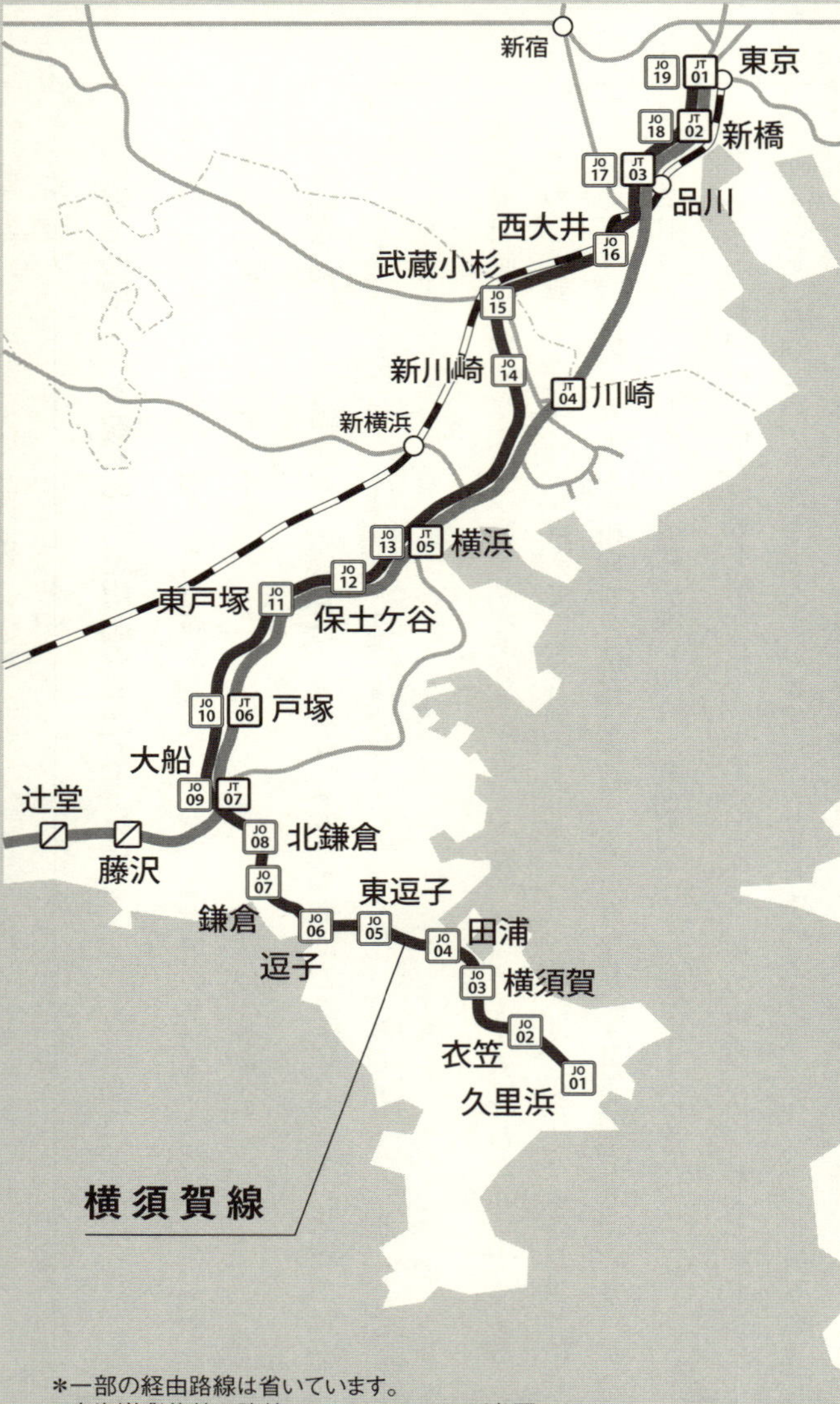

＊一部の経由路線は省いています。
＊東海道貨物線の路線については21ページ参照。

■**湘南新宿ライン：高崎線・東海道線系統**

前橋・高崎～大宮～（東北貨物線）～赤羽～（山手貨物線）～新宿～（山手貨物線）～大崎～（品鶴線・横須賀線専用線）～武蔵小杉～（東海道貨物線）～横浜～大船～小田原

■**湘南新宿ライン：宇都宮線・横須賀線系統**

宇都宮～大宮～（東北貨物線）～赤羽～（山手貨物線）～新宿～（山手貨物線）～大崎～（品鶴線・横須賀線専用線）～武蔵小杉～（東海道貨物線）～横浜～大船～逗子

■**上野東京ライン：宇都宮・高崎線・東海道線系統**

黒磯～（東北本線）～大宮～（東北本線）～浦和～赤羽～尾久～東京～（東海
　　　前橋～（高崎線）┘

道本線）～品川～横浜～熱海～沼津
　　　　　　　　　　　└（伊東線）～伊東

■**上野東京ライン：常磐線・東海道線系統**

高萩～（常磐線）～我孫子～（常磐線）～上野～東京～（東海道本線）～品川
　　成田～（成田線）┘

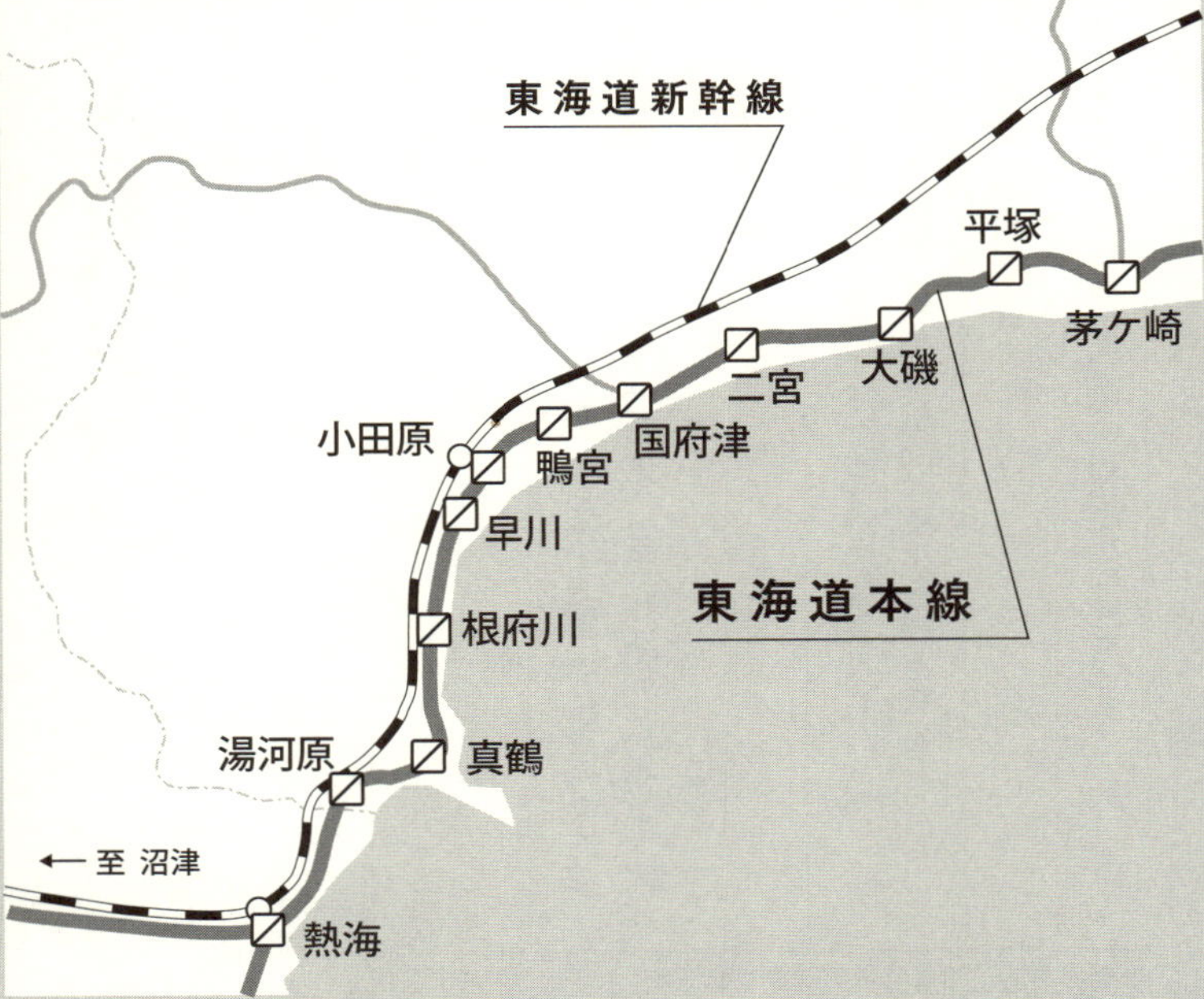

◉東海道線・横須賀線　略年譜

◆は東海道線・横須賀線の項目
●は横須賀線の項目

1872（明治5）年	◆新橋駅～横浜駅間が開業する
1874（明治7）年	◆大阪駅～神戸駅間が開業する
1889（明治22）年	◆新橋駅～神戸駅間が全通する ●大船駅～横須賀駅間が開業する ◆線路名称が制定される（新橋駅～神戸駅間、大船駅～横須賀駅間、大府駅～武豊駅間、深谷駅～長浜駅間、米原駅～敦賀駅～金ヶ崎駅間、馬場駅～大津駅間を東海道線とする）
1895（明治28）年	●線路名称の制定により、横須賀線は東海道線の一部となる
1909（明治42）年	◆浜松町駅～烏森駅間の電車線が開業する（山手線の始まり） ●線路名称の制定により、大船駅～横須賀駅間が横須賀線となる
1910（明治43）年	◆呉服橋駅（東京駅の仮駅）が開業する
1913（大正2）年	◆呉服橋駅（東京駅の仮駅）～神戸駅間全線の複線化が完成する

※東海道線・横須賀線の詳細な開通については本文内に記載。

1914（大正3）年	◆東京駅が開業する
1917（大正6）年	◆大船駅～逗子駅間の複線化が完成する
1918（大正7）年	◆丹那トンネルの工事が始まる
1924（大正13）年	●横須賀駅までの複線化が完成する
1925（大正14）年	●横浜駅～国府津駅間、大船駅～横須賀駅間の電化が完成し、東京駅～横須賀駅間などで電気機関車の運転が始まる
1930（昭和5）年	●横須賀線で電車の運転が始まる
1934（昭和9）年	◆丹那トンネルが完成し、東京駅～神戸駅間が現在のルートとなる
1944（昭和19）年	●横須賀駅～久里浜駅間が延伸開業する
1956（昭和31）年	◆東京駅～神戸駅間の全線電化が完成する
1963（昭和38）年	●横浜市鶴見区にて横須賀線の電車と貨物列車との多重衝突事故が起こる（鶴見事故）

1964（昭和39）年	◆東海道新幹線が開業する
1976（昭和51）年	●東京駅～品川駅間の地下線が開業し総武快速線が品川駅まで乗り入れる
1980（昭和55）年	●東京駅～大船駅間で東海道線との分離運転が始まる
1987（昭和62）年	◆国鉄が分割民営化される （東京駅～熱海駅間は東日本旅客鉄道が、熱海駅～米原駅間、東海道新幹線は東海旅客鉄道が、米原駅～神戸駅間は西日本旅客鉄道の管轄に）
2001（平成13）年	◆湘南新宿ラインの運行が始まる
2015（平成27）年	◆上野東京ラインの運行が始まる

第1章

東海道線・横須賀線の利便性の謎と列車の不思議

「Ｓｕｉｃａ」では熱海から先に行けないのはなぜ!? もし行ってしまったら？

１枚で全国の鉄道等で利用できるのだが……

交通系ＩＣカードのＳｕｉｃａは、２０１７（平成29）年３月末現在、約６３９８万枚発行されている。

「モバイルＳｕｉｃａ」の登録会員数も約２２４７万人となっている。交通系ＩＣカードは、ＰＡＳＭＯのように複数の事業者で共通して発行されるものもある。徐々にシステムの共通化が行なわれ、交通系カード10種の提携で「全国相互利用サービス」も開始され、この10種のカードのうちどれか一つを持っていれば、北海道から九州まで、対応する全国の鉄道・バスを利用できる。

しかし相互利用といってもＩＣカード乗車券として使用する場合は制約もある。

例えば、［東京］駅から東海道本線の普通電車に乗る。

上野東京ライン開通後、［熱海］以西に足を延ばす運転も増えており、静岡県の［沼津］行きの電車もある。

JR東日本の「Suica」、JR西日本の「ICOCA」、JR東海の「TOICA」

［沼津］駅はJR東海の管轄だが、TOICA導入でICカード乗車券利用可能駅となっている。

しかし、［東京］駅での乗車に使ったICカード乗車券を［沼津］駅でタッチして降りようとするとエラーになる。

例えばSuicaの場合、JR東海の特定エリア内だけであれば、通常どおり使用することができる。しかし、前述のように［東京］駅から乗ってきた場合など、特定エリア外から使用してきたときにはエラーとなってしまう。この場合には、精算窓口で処理し、現金で支払わなくてはならない。

このようなことは、［沼津］駅などJR東日本エリアからの列車が直通する駅ではよく見られる。

列車の到着のたびに窓口が混み合って待ち時間も馬鹿にならず、待ち合わせ時刻に遅れることもあるので要注意である。めんどうでも、はじめから乗車券を購入して乗車するほうがよい。

これはSuicaだけでなく、PASMOやTOICAを使っても同じ結果となる。じつは相互利用といっても、現在のところ、ICカード乗車券としては設定されたエリア内の相互利用に限られ、別エリア間との相互利用はできないのだ。

JR東日本でいえば、端末設置エリアは首都圏エリア、仙台エリア、新潟エリアに拡充が進められている。そのエリア内であればICカード乗車券で乗降できるが、例えば首都圏エリアと新潟エリアを結ぶような利用はできない。

現在、首都圏の鉄道ではほぼ全域をカバーする状態になってあまり意識しないが、じつのところ、まだ発展途上にあるのだ。

JR東日本とJR東海の接点は、東海道本線の場合、［熱海］駅だ。［熱海］駅はJR東日本のICカード乗車券利用エリア（首都圏エリア）に入っているが、JR東海のICカード乗車券利用エリア（TOICAエリア）に入っていない。TOICAエリアの最東端は［函南］駅で、［熱海］～［函南］間の1駅間はICカード乗車券の利用そのものができないのだ。

座席確保で楽々通勤・通学「湘南ライナー」の工夫

座るために徹夜で行列してライナー券を求める人も出現

ＪＲ・私鉄各社などでは朝夕の通勤・通学ラッシュの時間帯、座席定員制の列車を運転している路線もある。ＪＲ東日本の東海道本線でもこうした列車が運転されている。

ＪＲグループの「ライナー」運行は国鉄時代にさかのぼる。最初の設定は東北本線［上野］〜［大宮］間の回送列車（特急形電車）を活用。定員制として運賃以外に３００円の整理料金で利用できるとＰＲとした。１９８４（昭和59）年６月１日の運転開始時は、編成の一部グリーン車を含む４両だけで試行したが、結果は大好評。やがて取り扱いを全編成に拡大して、同年7月23日に「ホームライナー大宮」と命名した。

東海道本線でも１９８６（昭和61）年11月1日から「湘南ライナー」として［小田原］・［平塚］〜［東京］間に上り2本、下り４本が一挙に設定されている。

もともと「ライナー」は帰宅時のサービスを主としていたが、東海道本線では朝の時間

［大船］駅付近を走る「湘南ライナー」（Sui-setz　CC BY-SA 3.0）

帯の設定もあるのが特徴だった。上下列車とも［横浜］駅を通過させる扱いも勇断だった。［大船］以遠の中距離流動改善に向けたサービスに徹していたのだ。また「湘南ライナー」は東海道本線と東海道貨物線（20ページ参照）を効率的に行き来する形で設定され、いまでは［横浜］駅をまったく経由しない列車も設定されている。

「湘南ライナー」は設定当初から人気が高かった。当初、乗車整理券は乗車駅に限定して発売された。しかも乗車する列車単位に発売。発売も発車までとされたが、人気が出れば売り切れも必至。確実に入手すべく、利用者も事前購入するようになる。やがてそれがエスカレートし、利用者の親や妻が、早朝あるいは徹夜して購入するという状況に発展する。

そこでJR東日本は1992（平成4）年に座席数の多い全車2階建ての215系を導入。また［藤沢］駅などで貨物線（20ページ参照）側にもホームを設置。さらに列車本数も増やすといった措置を講じた。また、東海道本線のライナーの乗車整理券は1日単位ではなく1週間単位のセットで発売するようになる。

1999（同11）年3月には、2年前に消費税率が3％から5％に上がったことなども理由に、JR東日本首都圏エリアの乗車整理券を「ライナー券」という名称に変更、価格を310円（3％消費税導入時に値上げ）から500円に変更した。また、東海道本線のライナー券はこの時から1カ月分をセット販売する現在の販売方法に改められた。

またライナー券は、乗車する駅だけではなく東京圏電車特定区間の「みどりの窓口」などでも購入できるようになっている。帰りのライナー券も、以前は発車の1時間程度前からの発売だったが、現在は1カ月前から購入できる。

なお、1988（昭和63）年から［小田原］〜［新宿］間に、「湘南新宿ライナー」が設定されていたが、2002（平成14）年からは「おはようライナー新宿」（［新宿］行）、「ホームライナー小田原」（［小田原］行）と呼び名が変わっている。

ちなみに、現在、「湘南ライナー」「おはようライナー新宿」「ホームライナー小田原」は、185系、215系、251系によって運転されている。

貨物列車は電車とは別のルートを走ってる？

目に触れないところを走る貨物の大動脈

東海道本線の場合、旅客と貨物の棲み分けが進められ、走る線路やルートも異なっている。それゆえに旅客ホームに立っていてもなかなか貨物列車に出会うことは少ない。

現在、貨物列車を運行するＪＲ貨物の貨物取扱い駅は集約が進み、東海道本線東京側はその名も［東京貨物ターミナル］駅を中心として運転されている。東京とあるが、新幹線などの発着する［東京］駅から南に10キロほど離れた品川区八潮にある。

ここに、面積にして75万平方メートルもの広大な規模で設置されている。24時間稼働し、日本の貨物駅としては最大規模だ。

［東京貨物ターミナル］駅の使命は、首都圏と中部・西日本・四国・九州方面を結ぶコンテナ輸送拠点であり、首都圏各駅へのコンテナ中継地点でもある。さらに北海道・東北・日本海各都市と首都圏および西日本方面を結ぶ中継地点でもある。コンテナの１日平均取扱いは約４７００個、当駅発の年間取扱い輸送量は２７０万トンにものぼる。

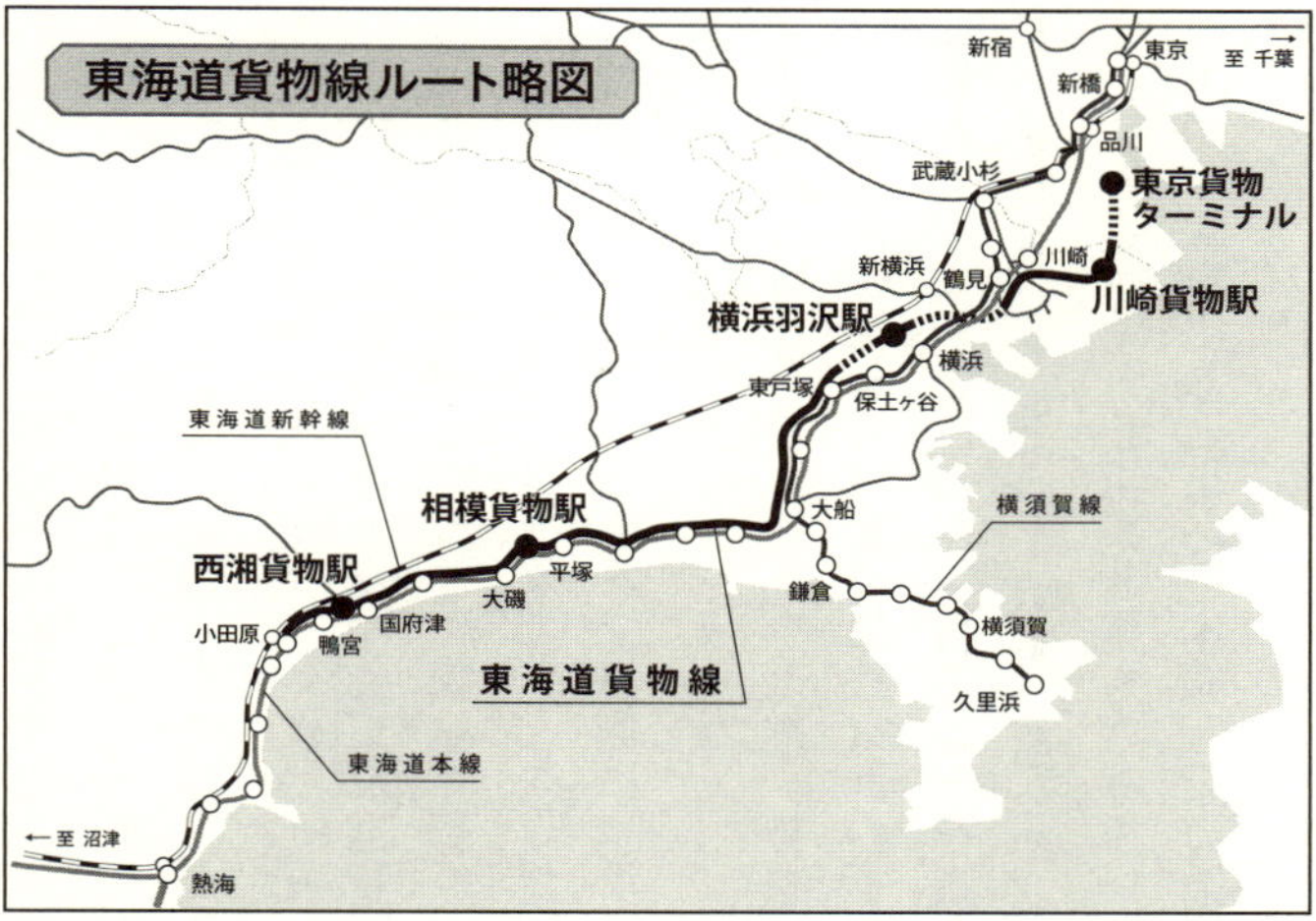

この駅から西進するルートをたどってみよう。

出発すると、東海道貨物線はすぐトンネルで地下へと進み、昭和島、羽田空港、そして多摩川をくぐり抜けたところで地上に出る。京浜急行大師線の「小田新田」駅のそばで、ここが「川崎貨物」駅だ。かつては塩浜操車場となっていた場所だが、再開発によって京浜工業地帯に直結した神奈川臨海鉄道（貨物専用鉄道）への接続駅になっている。

続いて「浜川崎」駅へと進む。ここには鶴見線および南武線の駅があるが、東海道貨物線は南武線ホームのわきを通り、南武線の東側を並んで走る。南武線の「川崎新町」駅を過ぎたところで、東海道貨物線と南武線の位置が入れ替わり、「八丁畷《はっちょうなわて》」駅付近に分岐がある。東海道貨物線は左に大きくカーブして東海道本線（旅客線）と並ぶ。ここは京浜東北線も並んで走っており、3複線となるわけだ。

ちなみに［八丁畷］駅から南武線に入る貨物列車もある。これは次の［尻手］駅から新鶴見信号場に向かう列車が大半だが、そのまま南武線で立川方面に連絡する列車もある。

さて、3複線の一部となった東海道貨物線だが、鶴見川を渡ったところで横須賀線がさらに合流、4複線となって［鶴見］駅へと進んでいく。ちなみに横須賀線の走るルートは「品鶴線《ひんかく》」とも呼ばれているが、東海道本線の一部なのだ。

［鶴見］駅を抜けたところで海側に京浜急行本線が寄り添い、同線の［花月園前］駅を過ぎたあたりで再び地下へと入っていく。方角的には南西に向かう東海道本線に対し、東海道貨物線はほぼ真西に地下を直進、神奈川県立城郷高等学校付近で地上に抜ける。右側には東海道新幹線が近付き、第三京浜の下をくぐったところで［横浜羽沢］駅へと進む。

［横浜羽沢］駅を出ると、再び地下を走り、今度は［東戸塚］駅の手前で横須賀線と並ぶ。複々線となって［東戸塚］駅まで進むと、さらに東海道本線も寄り添い、3複線となる。［大船］駅が近付くと京浜東北線も寄り添い4複線に。

［大船］駅を出ると東海道本線と東海道貨物線が並ぶ複々線の形で［小田原］駅まで進んでいく。

「普通電車にグリーン車」は東海道本線から始まった⁉

大正時代末期からグリーン車に相当する車両があった

東海道本線をはじめ、首都圏では横須賀線・総武本線・高崎線・東北本線そして常磐線では、大半の普通電車にグリーン車が連結されており、２０２３年度末には中央線でもグリーン車連結が始まる予定だ。グリーン車連結は、よりクオリティーの高い車内時間を提供すると共に、首都圏ではライナー的な座席確保の優先サービスにもなっている。シートはリクライニングシートで、回転して向かい合わせにできる。また、アテンダントサービスもある。さらに、車両の静粛性もよく、乗り心地が向上している。

首都圏で運転される普通電車のグリーン車はすべて自由席となっており、乗車には自由席グリーン券が必要だ。グリーン料金はＪＲの一般的なルールと同様に距離によって価格が異なるほか、乗車前に購入した場合と車内で購入した場合でも異なる（事前購入の方が安い）。さらに平日と土休日でも異なる（土休日の方が安い）。

現在ではすべてのグリーン車がＳｕｉｃａ対応であり、Ｓｕｉｃａでグリーン券を代用することもできる。これはＪＲ東日本のＳｕｉｃａだけでなく、東京モノレール・東京臨海高速鉄道のＳｕｉｃａ、また他社のＰＡＳＭＯ、Ｋｉｔａｃａ、ＴＯＩＣＡでも対応しているが、２０１８（平成30）年4月現在、ＩＣＯＣＡなど対応できない交通系ＩＣカードもある。

こうした普通電車のグリーン車連結は、国鉄時代に始まっている。グリーン車というのは、等級制度を改めたもので二等級制時代の一等車が「グリーン車」、二等車が「普通車」、さらに昔の三等級制時代なら二等車（グリーン車）と三等車（普通車）となる。

国鉄では大正晩年に登場した電車から現在のグリーン車に相当する車両も連結していた。横須賀線では１９３０（昭和５）年から電車運転を開始しているが、この時からグリーン車相当車両を連結している。しかし、やがて戦時色が強くなると、こうしたサービスはなくなっていく。

戦後、東海道本線では１９５０（同25）年から80系による電車運転を開始。これにもグリーン車相当車両（サロ85形）が連結されている。翌年には横須賀線向けの70系電車も登場。こちらにもグリーン車相当車両（サロ75形）が連結されていた。その後、昭和30年代半ばから東海道・横須賀線には１１３系が導入されていくが、ここでもグリーン車連結が基本とされた。

東海道線を走る普通列車の2階建グリーン車（ISHIDA CC BY-SA 3.0）

なお、1969（昭和44）年に等級制が改定され、「グリーン車」「普通車」の呼称が始まった。

普通電車グリーン車が2階建てになるのは、1988（同63）年から。

東海道・横須賀線ではグリーン車の需要が高く、従来の平屋グリーン車2両連結の体制では応じきれず、座席数を増やすための工夫だった。

2004（平成16）年11月16日にはSuicaグリーン券が導入されている。同時に高崎線・東北線の普通電車へのグリーン車が連結されるようになった（連結はそれ以前だが、グリーン車としてサービス開始）。

常磐線は2007（同19）年3月17日から。こちらも連結は同年1月から始まった。

セミクロスシートからロングシートになって混雑緩和

座席の配置はいまだ模索が続いている

東海道線で活躍するE233系やE231系の普通車は、窓に沿った長椅子とした「ロングシート」、あるいは一部の座席を枕木方向として長椅子と混在させた「セミクロスシート」になっている。グリーン車はすべての座席を枕木方向とした「クロスシート」だ。

こうした座席の向きは、鉄道車両の場合、乗降客の入れ替え頻度が高い都市部では4ドアでロング、中距離の運行用には3ドアでセミクロス、遠距離やグリーン車では2ドアでクロスとして使い分けてきた。これは国鉄時代から経験則によって工夫開発されてきたもので、通勤形車両はロング、近郊形はセミクロス、急行形や特急形はクロスとするのが基本となっている。

時代の変化で利用状況も大きく変わった。首都圏の場合、人口集中によって都市圏が拡大し、通勤・通学の移動距離が長くなる分、中心部での混雑も増してくる。

国鉄時代、東海道本線などの近郊輸送向けとして量産された3ドアの113系電車は、普通車すべてがセミクロスとなっていた。

しかし、これでは混雑に対応しきれない区間も発生していたため、国鉄晩年の１９８５（昭和60）年に導入が始まった２１１系では、３ドアのままロングシートとした車両も開発。当初はこれを付属編成11〜15号車に連結し、混雑緩和をめざした。ロングシートの場合、座席数は減少するが、床面積が広がり、さらに乗降の流動もスムーズになり、混雑緩和に効果があるのだ。

民営化時、東海道本線で活躍していた１１３系、２１１系ともＪＲ東日本に引き継がれたが、ＪＲ東日本ではロングシートの効果を高めるため、１１３系では一部車両のロングシート化、２１１系では増備車をロングシートで製造するようになる。こうして一時期の東海道本線では、グリーン車以外、すべてロングシートという編成も登場した。

一方、ＪＲ東日本はグリーン車の重層化も研究。２階建てグリーン車が誕生する。晩年には２階建て車両を２両連結した２１１系編成も登場している。また、編成すべてをオール２階建てとした２１５系も開発された。これはオールクロスとなっている。

その後、Ｅ２１７系・Ｅ２３１系・Ｅ２３３系では、２階建てグリーン車を２両連結してグリーン席を増やしつつ、普通車は４ドアロングシート一辺倒にせず、４ドアながらセミクロスシートも適宜組み込んだ編成によって模索を続けている状態だ。

「湘南電車」のデザインが全国の鉄道に大流行

初期は3枚窓だった正面が2枚窓になった

鉄道ファンの間では、しばしば「湘南色」という表現が使われる。これはオレンジとグリーンのツートンカラーを示すもので、いまの東海道線の電車側面の帯カラーだが、そのルーツは東海道本線で活躍していた電車にある。

昭和20年代、東海道本線の全線電化をめざして作業が進められていたが、合わせて車両開発も行なわれ、1950（昭和25）年に開発されたのが、80系電車だった。この電車は、オレンジとグリーンの装いで、東海道本線沿線に多いミカンの果樹園をイメージしたものともいわれている。

80系は湘南エリアを走るため、やがて「湘南電車」とも呼ばれるようになり、鉄道ファンの間ではここからその塗色を「湘南色」と呼ぶようになったのだ。

また、当初は正面が3枚窓だったが、増備車では、窓ガラスを大きくして2枚窓とした。さらに若干の傾斜も加えられ、ぐっと垢抜けしたデザインになったのである。

「湘南顔」と呼ばれた、東海道本線を代表する80系電車。写真は中央本線で活躍中の姿（Hanabi123 CC BY-SA 3.0）

その後の正面の窓はすべてこのデザインで製造され、80系の標準スタイルとして定着していくのだ。

この正面2枚窓のデザインは「湘南顔」とも呼ばれ、国鉄では電車だけではなく、機関車などにも導入された。

また、多くの私鉄各社でも取り入れられ、いまなおその伝統が引き継がれている車両もある。

一世を風靡した80系は京都鉄道博物館で保存展示されているが、残念ながら正面3枚窓の初期型で、2枚窓車両はすべて廃車解体されてしまった。

縁の深い［藤沢］駅のホーム売店ＫＩＯＳＫがこれをイメージした形状なのが、せめてものの慰めである。

東海道・横須賀線で活躍する電車たちの今昔

安全と省エネと快適と……

現在、東海道線ではE233系やE231系を主力として多彩な車両が使用されている。現在の旅客列車を大きく分けると、特急、座席定員制のライナー、そして普通の電車となる。それぞれ起用する車両が異なるが、ライナーは特急車両を活用したり、ほぼ専用ともいえる215系で運転されている。

どんな車両が使われているのか、ここでは普通電車を中心にJR東日本発足の1987（昭和62）年ぐらいから流れを追ってみよう。

JR東日本発足前の国鉄晩年は、国鉄で近郊形電車として開発された113系が主力となって運転されていた。

この車両は先の東京オリンピックが開催される1年前の1963（同38）年から導入が始まった車両だ。当時の東海道本線普通電車は80系や153系で運転されていた。どちらも2扉クロスシートの長距離列車向けに開発されており、特に通勤・通学時のラッシュが激しい首都圏には不向きで、３扉セミクロスとなった１１３系が開発された。１１３系は国鉄後期まで３０００両近く量産され、東海道本線の主力車両となっていくのだ。

国鉄晩年になると老朽化の進む１１３系初期車両の置き換えが必要になり、当時の最新技術を盛り込んで２１１系が開発された。車体はステンレス、動力や制御装置も当時最新の技術を導入して省エネルギー化、省力化などがはかられた。１９８５（同60）年に導入が始まり、まずは東海道本線と高崎線などで使用が始まった。ラッシュ対策としては、当時の近郊形電車では珍しいロングシートも活用された。

１９９２（平成４）年には２階建て構造を最大限に活かし、座席数を増やした２１５系が登場する。編成は東海道本線（ＪＲ東日本エリア）で基本となる10両で組成。ここにグリーン車も２両組み込まれている。なお、編成両端の先頭車両は、機器類を搭載するため客室は２階と平屋部だけとなっている。座席数は最大１両あたり１２０名で、これは在来線用車両としては最大だ。

２１５系は朝晩が座席定員制の「湘南ライナー」、日中は快速「アクティー」に使用する形で運用を開始。湘南新宿ライン運行開始の２００１（同13）年12月からは日中の運転を快速「アクティー」から湘南新宿ラインに切り替えた。しかし、同線では乗降時間がかかるなど実情に合っていなかったため、２００４（同16）年10月から日中運転を基本的に止めている。これにより「欠陥車両」との声も出たが、一つの車両ですべてのニーズをカバーできるわけではなく、十分評価に値する試みだった。なお、現在でも朝晩はライナーで使用され、ライナー運転のない土曜・休日は中央本線の「ホリデー快速」などでも活躍している。

1994（平成6）年には横須賀線用113系の後継としてE217系が誕生した。形式名の前に冠した「E」はJR東日本車両を意味する。

E217系特徴の一つは、普通車のドアを4扉にしたことだろう。ドアを通勤形電車並みに増やすことでよりスムーズな乗降をめざしたのだ。

また、車体構造や動力システムは新世代を担うJR東日本通勤形電車として開発された209系を元にVVVFインバータ制御を採用するなど省エネルギー化、省力化などがはかられている。ちなみにいまや電車制御の主流となったVVVFインバータ制御方式をJR東日本近郊形で最初に採用した車両でもある。2001（同13）年12月からは、湘南新宿ライン経由でE231系も東海道線に姿を見せるようになった。

E231系は首都圏に多く残っていた国鉄車両の置き換えを見込んで開発された車両だ。置き換え対象車両は通勤形、近郊形と多岐にわたる。E231系ではVVVFインバータ機器の性能向上および新たな主電動機を使うことで、通勤形電車に必須な加速性能、近郊形電車に必須な高速性能をあわせ持たせることに成功。汎用性の高い一般形として誕生した。ただし、車体に関しては使用路線の特性に合わせて通勤タイプ、近郊タイプとつくり分けられている。

当初、東海道線を走るようになったのは、東北線や高崎線に投入されたE231系だったが、2004（同16）年からは東海道線向けのE231系も配属されるようになる。この増備によって国鉄時代から活躍してきた113系は、2006（同18）年に東海道線東京口から姿を消した。なお、横須賀線の113系はそれより早く1999（同11）年に引退している。1963（昭和38）年以来、横須賀線では36年間、東海道線では43年間もの間活躍し続けたのだ。

2006（平成18）年にはE231系をさらに進化させたE233系が誕生する。E231系同様、一般形とされたが、車両制御システムを二重化するなど安全性をさらに向上させ、バリアフリーの向上など乗客サービス面も向上している。東海道線向け車両は2008（同20）年から投入され、E231系と並んで主力車両となった。これにより211系は2012（同24）年に引退している。

次ページ以降に、東海道本線（［東京］～［熱海］）、横須賀線で活躍する（した）車両を紹介しておこう。

◉東海道本線（東京～熱海）・横須賀線で活躍する（した）主な車両

車両形式 ／ 年代	251系 特急スーパービュー踊り子（SVO）	183・189系 臨時快速 ムーンライトながら	185系 特急踊り子	183系 ライナー
1987（昭和62）年			国鉄時代	国鉄時代
1988（昭和63）年				
1989（昭和64/平成元）年				
1990（平成2）年	1990.4.28			
1991（平成3）年				
1992（平成4）年				
1993（平成5）年				
1994（平成6）年				
1995（平成7）年				
1996（平成8）年				
1997（平成9）年				
1998（平成10）年				
1999（平成11）年				
2000（平成12）年				
2001（平成13）年				
2002（平成14）年				
2003（平成15）年		2003夏		
2004（平成16）年				
2005（平成17）年				
2006（平成18）年				2002.6.30
2007（平成19）年				
2008（平成20）年				
2009（平成21）年				
2010（平成22）年				
2011（平成23）年				
2012（平成24）年				
2013（平成25）年		2013夏		
2014（平成26）年				
2015（平成27）年				
2016（平成28）年				
2017（平成29）年				
2018（平成30）年			★	

●251系 ③

●183・189系

●183系 ②

●185系 ③

＊2013冬季から「ムーンライトながら」にも使用

373系	373系	E351系	285系	E259系	E257系	253系
快速 ムーンライトながら	特急 東海	ライナー	特急サンライズ	特急成田エクスプレス (NEX)	ライナー	特急成田エクスプレス (NEX)
1996.3.16	1996.3.16	1996.3.18	1998.7.10	2009.10.1	2002.7.1	1991.3.19
2009.3.13 ★	2007.3.17	2008.3.14		★	2008.3.14	2010.6.30

●285系 ⑧

●E351系 ②

●253系 ②

●E257系 ⑤

●373系 ②

●E259系 ⑦

★＊「ムーンライトながら」が臨時化したのちも2012.3.17まで普通列車として熱海以東での運転が

★＊2012.12.1から臨時「マリンエクスプレス踊り子」にも使用

211系	115系	113系	113系	165系	車両形式
東海道本線	湘南新宿ライン	横須賀線	東海道本線	急行 東海	年 代
国鉄時代		国鉄時代	国鉄時代	国鉄時代	1987(昭和62)年
					1988(昭和63)年
					1989(昭和64/平成元)年
					1990(平成2)年
					1991(平成3)年
					1992(平成4)年
					1993(平成5)年
					1994(平成6)年
					1995(平成7)年
				1996.3.15	1996(平成8)年
					1997(平成9)年
					1998(平成10)年
		1999.11			1999(平成11)年
					2000(平成12)年
	2001.12.1				2001(平成13)年
	2002.7				2002(平成14)年
					2003(平成15)年
					2004(平成16)年
					2005(平成17)年
			2006.3.17		2006(平成18)年
					2007(平成19)年
					2008(平成20)年
					2009(平成21)年
					2010(平成22)年
					2011(平成23)年
2012.4.23					2012(平成24)年
					2013(平成25)年
					2014(平成26)年
					2015(平成27)年
					2016(平成28)年
					2017(平成29)年
					2018(平成30)年

●211系 ④

●165系 ①

●113系 ②

＊34〜37ページ写真：wikimedia commons（①Gaku Kurihara CC BY-SA 3.0、②Rsa CC BY-SA 3.0、③Yaguchi CC BY-SA 3.0、④TC411-507 CC BY-SA 3.0、⑤Sui-setz CC BY-SA 3.0、⑥Tennen-Gas CC BY-SA 3.0、⑦Keihin Kawasaki CC BY-SA 4.0、⑧W0746203-1 CC BY-SA 3.0）、⑨c DAJF CC BY-SA 4.0

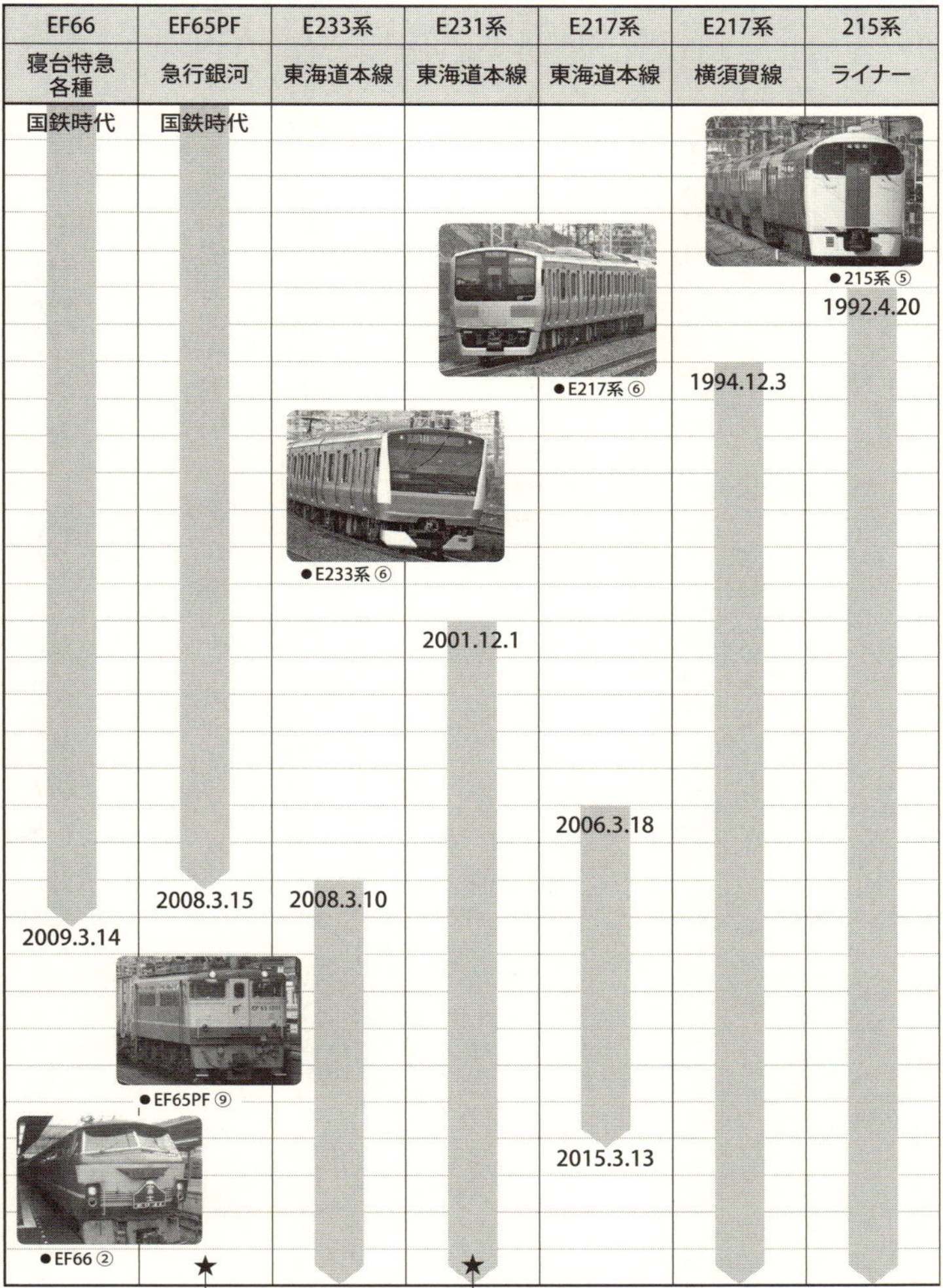

★＊2006.3.18まで「出雲」にも使用

★＊当初は湘南新宿ラインで使用

100年以上も争い続ける東海道線VS京急

スピードと運賃のせめぎ合い

鉄道路線は需要を見極めながら敷設されてきた歴史があるが、ときとして競合する路線もある。事業として運営するためには、相応の利益を得ることが必要で、ともすれば熾烈な戦いになってしまうこともある。首都圏の場合、都心部ではどの路線も需要が高く、各社協力の上に運営していかねばならない事情があるので、その競争はあまり表面には出てこないが、その歴史のなかでは皆無だったわけではない。

東海道線関係でよく知られるのは［品川］～［横浜］間などでほぼ並行して運転されている京浜急行電鉄（以下、京急）との競争だ。

京急は1899（明治32）年1月に大師電気鉄道として運転を開始した。その後、合併・独立などを経て社名が変わり、京浜急行電鉄となった。

最初の路線は、現在の京急大師線の一部となるもので、これは首都圏初の電車による営業運転でもあった。その後、川崎から品川へ、そして神奈川へと線路を延伸していく。

京急大師線［川崎大師］駅近くにある「京急発祥の地」の碑

こうして1905（同38）年12月24日には［品川（八ッ山）］～［神奈川］間で電車運転を開始した。所要時間は50分、運賃は片道18銭、往復34線とされた。なお、この全通に先駆けて日本初のボギー車両（車両の両端に2軸の台車があるこんにちのような車両）も導入している。これは輸送力拡大と共に高速運転時の乗り心地改善にも役立った。

この時代、並行する東海道線は官設鉄道の運営で、［新橋］を起点に蒸気機関車による運転を行なっていた。［新橋］～［横浜］間は普通列車で60分、急行列車で36分、運賃は片道25銭で、京急（当時は京浜電気鉄道）の京浜間全通は脅威となった。そのため、官設鉄道は所要時間で対抗する。同年12月27日から［新橋］～［横浜］間を27分で結ぶ「最急行」を設定した。ただし、当初は［新橋］［横浜］をそれぞれ8時と16時に出発する2往復だけだった。

このてんまつは当時の新聞などでも取り上げられているが、速達による便利さをとるか、運賃をとるか、利用者は悩んだことだろう。ただし、東海道線は駅数が少ないのに対して、京急は路面電車に近い運転から始まっているため、駅数が極端に多い。以後、京急は沿線の乗客を小まめに集める方向で特性を示していく。

戦後の京急は速達化や冷房化などのサービスアップによって競争力を高めていく。所要時間で利のあった国鉄は運賃格差を押さえるべく、［品川］～［横浜］間に特定区間運賃を設定するなどして対抗する。

国鉄時代には露骨に自路線をPRすることなどもあったようだ。

さて現状だが、［品川］～［横浜］間で見ると所要時間はどちらも最短18分、運賃はJR東日本が290円、京急が300円となっている。

じつはJR東日本の運賃は国鉄時代に設定された特定区間運賃を踏襲しており、通常の電車特定区間運賃で計算すると390円となる。実際には単純に［品川］～［横浜］間だけ乗車するのではなく、それ以遠に向かうことも多い。定期外の利用なら、ほかの部分のアクセスを考え、使い分けたい。

鉄道歴史展示室「旧新橋停車場」は日本初の駅

開業当時の姿が復元されている

1872（明治5）年に［新橋］～［横浜］（現・［桜木町］）間が開業するが、これは日本最初の鉄道であるとともに東海道線の始まりでもあった。

当時、［新橋］駅が設けられたのは現在の場所ではなく、やや東側、現在の汐留シオサイトの位置にあった。明治晩年、東海道線の始発駅を［東京］駅へと移す計画が立てられ、現在の［新橋］駅の場所に［烏森《からすもり》］駅が仮設された。そして1914（大正3）年12月20日、［東京］駅が完成すると、［烏森］駅を［新橋］駅と改め、従来の［新橋］駅は貨物専用の［汐留《しおどめ》］駅となった。

旧［新橋］駅時代も貨物の取扱いはあったが、［汐留］駅となることで貨物輸送を効率化、首都・東京の物流を支える玄関口として、おもに東海道本線系統の貨物列車を扱った。戦後の1973（昭和48）年には大井にコンテナの扱いに特化した［東京貨物ターミナル］駅を設置、［汐留］駅の役割は徐々にそちらに移されていく。かくして国鉄晩年の198

6（昭和61）年には［汐留］駅が廃止となった。

貨物駅として広大な用地を持っていた［汐留］駅の跡地は、東京の街づくりにも貴重なスペースで、汐留シオサイトとして再開発が始まる。その折、旧［新橋］駅の遺構が発掘されたこともあり、ここに旧新橋停車場の駅舎が再現されることになったのだ。

この遺構は1996（平成8）年に「旧新橋停車場跡」として国の史跡に指定されている。発掘された基礎石や当時の資料から駅舎の正確な大きさも確認され、開業当初の姿に復元された。現在、鉄道歴史展示室「旧新橋停車場」となり、地下展示場では風化防止のため埋め戻された基礎石などを、ガラス窓越しに見学できる構造になっている。

また、駅舎の裏手にはプラットホームや線路も復元されている。こちらも開業当時の姿として線路は双頭レールを使用、鉄道の起点を示す「0哩《マイル》標識」もある。

双頭レールとは、断面で見ると車輪との接点となる頭の部分が上下2カ所に設けられたもの。

レールは列車走行で摩耗、一定の期間で交換しなければならないが、この双頭レールは上下をひっくり返すことで通常の2倍使用できるとしたものだ。貴重品だった鉄レールを有効に使う工夫だったが、レールを支える専用の金具が必要で、取扱いも面倒だったため、ほどなく現在の形に切り替わっている。

桜木町駅界隈でたどる旧東海道線の想い出

赤レンガ倉庫周辺も貨物線だった

いまは根岸線（京浜東北線）の［桜木町］駅。

じつはここが1872（明治5）年の［新橋］～［横浜］間開業時、「横浜停車場」となっていたところだ。154ページでも紹介するが、［横浜］駅は2回移転して、現在地へと落ちついたのである。

現在の［桜木町］駅には、［横浜］駅だった時代を表現した意匠があちこちに施されている。例えばホームに連絡する階段やコンコースの壁には開業当時の［横浜］駅写真などがあしらわれている。

また、改札口正面の待合コーナーには、創業期の鉄道を支えたエドモンド・モレルのレリーフも掲げられている。

モレルは、日本では天保年間となる1841年にイギリスのロンドンで生まれた。パリなどで土木工学を修めたモレルは、若くしてオーストラリア鉄道顧問技師などを務めた。日本で鉄道建設が始める際、初代の鉄道建設師長として抜擢されたのが、モレルだったのである。

1870（明治3）年に来日したモレルは、前後して来日したほかの外国人技術者たちと共に鉄道建設を進めていく。単純に鉄道を建設するだけでなく、日本人技術者を養成するための工学寮（工部大学校）の開設なども提言。近代技術発展の基礎づくりに大きく貢献した。

しかし、モレルは来日前から肺を患っており、日本での激務もあって、翌年、29歳という若さで亡くなったのである。

ちなみに、モレルはほかの外国人技術者と共に横浜外人墓地に眠っている。彼らの墓は鉄道記念物あるいは準鉄道記念物として、いまも顕彰が続いている。

[桜木町]駅の西口には「鉄道創業の地」記念碑もある。

初代[横浜]（現・[桜木町]）駅の駅舎をレリーフ状にあしらった縦長のオブジェだ。隅の飾りに使われているレールは、鉄道黎明期に使われた双頭式で、当時使われていた本物と思われる。

東口には駅前広場が広がっているが、ここはかつて貨物を取り扱っていた[東横浜]駅の広大な構内を再開発したもの。

旧臨港線の跡地を活用した汽車道に残るレール

［東横浜］駅とは、新しい［横浜］駅ができて旧駅が［桜木町］と改称されたとき、貨物部門を分離したものだ。

広場の外れに展示されている帆船・日本丸のわきから遊歩道「汽車道」が整備されているが、これは明治末期の新港埠頭整備の際、［東横浜］駅から延びる形で建設された臨港線の跡地を活用したもの。便宜上、臨港線と呼ばれているが、線路の戸籍からすると、じつは東海道線の支線の一つだ。

汽車道に入ると歩道に埋め込まれた2条のレールがルートを誘ってくれる。複線のうち、下り線を再現したものだ。途中3つの鉄橋が架かっているが、明治期にアメリカやイギリスから輸入された鉄道橋で、レプリカながら「1907（明治40）年製造」という銘板もついている。

この橋梁は、経済産業省による「近代化産業遺産群33」の一つにも認定されている。

汽車道は新港地区に入ってもしばらく続き、パリの凱旋門のようなナビオス横浜（横浜国際船員センター）をくぐり抜け、万国橋交差点で終わるが、その先の新港中央広場はかつて［横浜港］駅だった場所だ。

1911（明治44）年に横浜港荷扱所として開設されたのち、1920（大正9）年7月23日付で［横浜港］駅となった。横浜赤レンガ倉庫の北側には「旧横浜港駅プラットホーム」が保存されている。ホームは短縮され、屋根は復元されたものだが、位置は往年のままだ。

外国航路の船が入ると、当駅と［東京］駅を結ぶ臨時列車も運行された。時刻表に掲載されていた時代もあり、昭和9年12月号によると［東京］～［横浜港］間の所要時間は45分だった。

国鉄晩年の1982（昭和57）年11月15日付で［横浜港］駅から「横浜港信号場」へと格下げされた。

民営化を目前にした1986（同61）年1月1日のダイヤ改正で臨港線を使った貨物輸送が終了している。

御殿場線——旧東海道本線時代の遺構を訪ねて

複線時代の面影をそこここに残している

［国府津］～［御殿場］～［沼津］間を結ぶ御殿場線は、東海道線のバイパス路線のようにも見えるが、実はかつて当線が東海道本線として運行されていた時代もある。開業は、1889（明治22）年2月1日。2年後には、複線化も完了した（171ページ参照）。

しかし、この路線には25‰（1000メートルで25メートルもの高低差がつく勾配）の急勾配が連続し、運行上のネックとなっていた。そこで［熱海］経由の現行路線が計画され、1934（昭和9）年12月1日から熱海経由に切り替えられた。このとき、御殿場線は東海道本線から分離され、さらに戦時中の1943（同18）年には鉄材供出のため単線化された。

現在も、御殿場線沿線には東海道本線時代の面影が残っている。明瞭にわかるのはトンネルや橋梁に残る複線時代の構造だ。トンネルの場合、使われなくなった片方がそのまま残っている。橋梁の場合、橋桁がそのまま残され、線路だけ撤去されているもの、あるい

複線時代の名残のある御殿場線のトンネル。手前の入り口は使われていない

は橋桁も撤去されているが、橋台や橋脚に複線時代の構造が残っているものもある。

［山北］駅近くのトンネルの出口上には「正一位線守神社」（上写真参照）がある。建設工事中、キツネの棲みかを壊してしまったことから祟りがあり、工事業者と鉄道関係者が合同で祀ったもの。いまも保線を担当するJR東海が祭主を務め、定期的に参拝を続けているそうだ。

［山北］駅には急勾配区間向けの補助機関車を擁する山北機関区も置かれた。ここから後部あるいは先頭に機関車を連結し、最大3両の機関車で急勾配に挑んでいたのだ。さいたま市の鉄道博物館に保存されている9850形は、明治～昭和初期に活躍した補助機関車の1両だ。

御殿場で動きはじめた大型蒸気機関車

東海道本線で活躍した日本最大の貨物用ＳＬ

東海道本線は、国鉄・ＪＲを通じて重要幹線の一つで、貨物輸送の需要も極めて大きい。そのため、線路規格は在来線最上級であり、ここで活躍する蒸気機関車や電気機関車も大型の高性能機が投入されてきた。

貨物用の機関車では、日本最大の貨物用蒸気機関車Ｄ52形、２車体連結で破格の力を出したＥＨ10形、そして最新のテクノロジーで高性能を示したＥＦ２００形（１９９０年に誕生、２０１８年3月まで使用されている）など、名だたる強力機すべてが東海道本線で活躍してきた。

Ｄ52形は、「デゴイチ」として有名なＤ51形を上まわる性能を持ち、東海道本線では１２００トン列車も牽引可能な性能を持っている（Ｄ51形は１１００トン）。登場した当時、東海道本線は「沼津」駅まで電化されていたため、「沼津」以西の東海道・山陽本線で使用された。力はあったが、大型機ゆえ、走行できる路線が限られてしまった

高沢公園に保存されているD52

のだ。

そうしたなか、御殿場線はかつて東海道本線だったこともあり、線路規格はD52形走行に耐えられるものだった。東海道本線電化で余剰となったD52形の一部が御殿場線に配属され、1968（昭和43）年の御殿場線電化まで活躍している。

こうしてD52形は御殿場線にも馴染み深い機関車として、［山北］駅に隣接した山北鉄道公園に70号機が保存されている。

また、沼津市内の高沢公園にも136号機が保存展示されている。

なお、山北のD52形70号機は、2016（平成28）年に修復整備がなされ、圧縮空気にて可動するまで復元されている。山北の70号機は、現在、国内で唯一可動するD52形だ。

第2章

東海道線・横須賀線

各駅物語

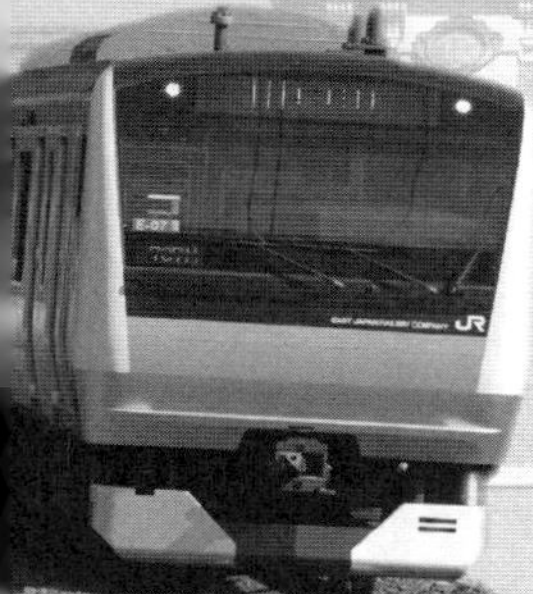

TYO

JT 01

JO 19

東京《とうきょう》

首都・東京の玄関口であり、日本全国の鉄道においても中心となる駅

11〜13番線がないのはなぜ？

巨大なターミナルであるＪＲの［東京］駅のホームは、地上に在来線各線および新幹線があるほか、地下にも在来線の総武ホームと京葉ホームが、丸の内側、八重洲側の２カ所に設置されている。ＪＲ在来線の各線の乗り場は以下のとおりで、１・２番線は中央本線（高尾方面）、３番線は京浜東北線（大宮方面）、４番線は山手線（内回り／上野方面）、５番線は山手線（外回り／品川方面）、６番線は京浜東北線（大船方面）、７・８番線は上野東京ライン（高崎・宇都宮・常磐線方面）、東海道本線（一部の列車）、９・10番線は東海道本線。

一方、新幹線はＪＲ東海管轄の東海道新幹線が14〜19番線、ＪＲ東日本が管轄する東北・山形・秋田・上越・北陸新幹線が20〜23番線から出ている。

11〜13番線は、東北上越新幹線ホーム拡張時に欠番となった。もともと、［東京］駅には

＊駅名上の「スリーレターコード」は表示駅のみ記載。「駅ナンバリング」は東海道線・横須賀線・湘南新宿ラインのものを記載し、導入のない駅は〼で表示。

11番線があったがホームはなかった。機関車の付け替えや回送列車をとめておくため線路だけがあった。そして12、13番線は東海道本線のホームだったが、東北新幹線が［東京］まで延伸したときに新幹線用のホームとなった。

さらに長野新幹線の開業時、旧9、10、12、13番線ホームを新たに20〜23番線にした。

そのほか、総武地下ホームの1〜4番線は総武本線・横須賀線、京葉地下ホームの1〜4番線は京葉線が発着している。

［東京］駅は、東海道本線、東北本線、中央本線、総武本線、京葉線、さらには東海道新幹線、東北新幹線の起点となっていて、線の起点を示す「0キロポスト」が、各線に設置されている。本来の0キロポストは白い標柱に黒で「0」の数字を記載したものだが、［東京］駅には意匠を凝らしたものが多い。それらの一部はホームからも見ることができる（中トビラページを参照）。

JRのほか、東京メトロ丸ノ内線の［東京］駅も丸の内側の地下にある。このほか、東京メトロ東西線の［大手町］駅も日本橋口から近く乗り換えが可能だ。こちらは丸の内地下北口などから地下道経由でも連絡している。

JR東日本だけで1日当たりの平均乗車人員は43万9554人で、JR東日本では第3位の利用者数を誇っている。実際には相互の路線の乗り換えもあるほか、JR東海、東京メトロの単独利用者も数多い。

八重洲口がいまのようになったのは戦後のこと

［東京］駅の開業は1914（大正3）年のこと。

開業当時の［東京］駅は南側だけに線路が通じていて、東海道・横須賀線の列車のほか、山手線や京浜線（京浜東北線の前身）の電車が発着していた。当時の山手線は環状ではなく、上野〜池袋〜新宿〜品川〜東京のCの字形で運転されていた。

また当初は、駅舎は丸の内側だけに建設されていた。計画段階では「中央停車場」と称され、国の象徴として皇居正面に設営されたいきさつがある。

駅舎の設計は辰野金吾によるもので、南北を折り曲げて延長約335メートル、地上3階建て。レンガを主体とする日本の建造物では最大規模で、辰野金吾の集大成となる作品としても高く評価され、2003（平成15）年には、丸の内駅舎が国の重要文化財にも指定されている。

ただし、重文指定時は戦災によりオリジナルとはかなり違う姿になっていたため、JR東日本では耐震化に合わせて復原工事を実施し、2012（同24）年に完成した。建設当

開業当時の姿に復原された東京駅丸の内駅舎。レンガづくりでは日本最大規模の建造物である

時の姿が戻り、随所に構造や歴史を紹介する解説も設置された。

一方、八重洲口が設置されたのは1929(昭和4)年のこと。戦後、駅ビルが建設され、何度かの整備を重ねた。

八重洲口側には百貨店の「大丸」の入る駅ビルなどがあったが、一帯は再開発され、2007(平成19)年、2棟の超高層ビルからなる「グラントウキョウ」に生まれ変わった。

「大丸」が入ったほか、オフィスや各種の商業施設が入り、利便性が一段と高まっている。

2013(同25)年には、駅前広場を覆う大きな屋根――グランルーフも完成し、[東京]駅の新しい顔となった。

SMB
JT 02
JO 18

新橋《しんばし》

サラリーマンの聖地は、鉄道の歴史を語るうえで外せない場所でもあった

日本の鉄道の発祥の地・［新橋］駅は現在地ではなく汐留にあった

1872（明治5）年10月14日（旧暦9月12日）、新橋と横浜を結ぶ日本最初の鉄道が開業した。このタイミングで誕生した由緒ある駅が、［新橋］駅なのである。現在、毎年10月14日は「鉄道の日」として日本各地で鉄道関連イベントが催されているが、この日は［新橋］駅の誕生日にもあたる。

開業当時の［新橋］駅は、現在地よりもやや東、汐留シオサイトの位置にあった。その後、明治の終わりに東海道線の始発駅を［東京］駅へと移す計画が立てられ、現在の場所に［烏森］駅が仮設されることになった。そして1914（大正3）年に、［東京］駅が完成した時点で、［烏森］駅を［新橋］駅と改め、従来の［新橋］駅は貨物専用の［汐留］駅と名称を変更したのだ。

［汐留］駅は1986（昭和61）年まで存続したが、その機能を別の場所に集約すること

になり廃止された。

平成に入ってから汐留の広大な土地は再開発され、現在では高層ビルが立ち並ぶ汐留シオサイトとしてすっかり生まれ変わった。また、汐留地区の再開発中に、旧［新橋］駅の遺構が発見され、「旧新橋停車場跡」として国の史跡に指定された。

遺構の一部は見学できるように保全されているほか、当時と同じ場所に開業当時の外観を模した旧駅舎も復元された。

現在は、東日本鉄道文化財団の「鉄道歴史展示室」として気軽に見学できる施設として利用されている。

この展示室では、日本の鉄道の発祥地としての歴史や明治期に日本の近代化を牽引した鉄道の発展の歴史などについて、広く知ることができる（144ページ参照）。

蒸気機関車の「ボオーッ！」という汽笛にびっくり！

東海道本線、山手線、京浜東北線、そして地下には横須賀線とＪＲの多くの列車が停まる［新橋］駅。そのほかにも、東京メトロの銀座線、都営地下鉄の浅草線、さらにはお台場に向かうゆりかもめの［新橋］駅も隣接し、各方面への乗り換えにも便利な駅である。

1日の乗客数はＪＲだけで27万１０２８人。ちょっとした都市の全人口が集まるような規模（市区の人口１００位以内に入る程度）で、ＪＲ東日本全体で見ても第7位につけている。

［新橋］駅は、高架部に島式ホーム3面6線があり、乗り場は、1番線は東海道本線（横浜方面）、2番線は東海道本線・上野東京ライン、3番線は京浜東北線（大船方面）、4番線は山手線（内回り／上野方面）、5番線は山手線（外回り／品川方面）、6番線は京浜東北線（大宮方面）となっている。そのほか、地下にも、島式ホーム1面2線があり、こちらは、地下1番線は、横須賀線・総武線（快速）の横浜方面、地下2番線は、横須賀線・総武線（快速）の千葉方面が乗り入れている。

［新橋］駅の北西側、日比谷口から駅前広場に出ると、黒々とした蒸気機関車が鎮座しているのが目に入る。

ここが、待ち合わせ場所としてメジャーな「ＳＬ広場」だ。この蒸気機関車は、12時、15時、18日と1日3回、汽笛が鳴る。

ＳＬ広場の反対側、［新橋］駅の東側、ゆりかもめの乗り場に近い汐留口を出ると、左側に碑と大きな車輪が立っている。碑には「鉄道唱歌の碑」、車輪には「Ｄ51機関車の動輪」とそれぞれ記されている。

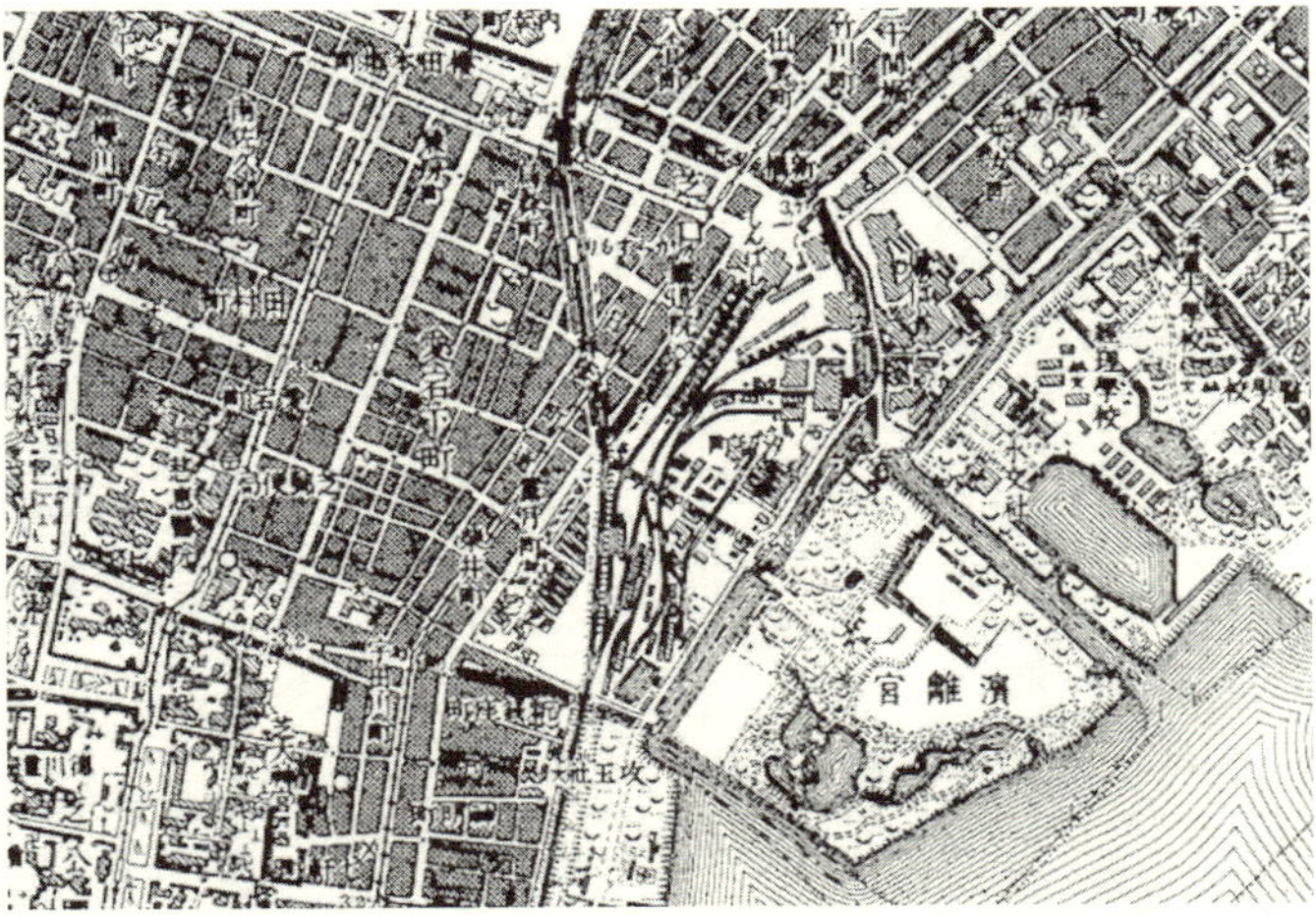

開業時の［新橋］駅は、現在よりもやや東寄りにあった〈「今昔マップ on the web」より（首都1896−1909）〉

「鉄道唱歌の碑」は、１９５７（昭和32）年に鉄道開通85周年記念日に、『鉄道唱歌』の作詞家・大和田建樹生誕１００年を記念して建立された。

また、［新橋］駅の３・４番線のホームの浜松町寄りには小さな庭園が設けられ、「一声園」という札が立てられている。これは前述の『鉄道唱歌』のなかで、「汽笛一声新橋を……」と唄われていることに由来している。

一方、D51形機関車、愛称「デゴイチ」は、全国各地でおもに貨物用として活躍した機関車で、１９７５（同50）年にその使命を終えた。展示の動輪は、１９７６（同51）年、総武・横須賀線の地下ホーム完成記念として設置された。

SGW

JT 03

JO 17

品川《しながわ》

各方面へのアクセスの起点となる、利便性の高い新幹線の停車駅

じつは日本最古の駅の一つ

［品川］駅の開業は、1872（明治5）年だが、じつは鉄道発祥の地として知られる［新橋］駅よりも4カ月ほど早い。当時、新橋と横浜を結ぶ鉄道の建設が進められていたが、竣工の早かった品川〜横浜間を先行して仮開業させたからである。

なお、本開業は［新橋］駅同じく10月14日（旧暦9月12日）。いずれにせよ、［横浜］駅（現・［桜木町］駅）と並び、［品川］駅は明治5年に開業した日本最古の駅の一つなのだ。

こうした［品川］駅の歴史を示す碑も、駅舎の内外に残っている。高輪口（西口）ロータリーの中心には「品川駅創業記念碑」があり、5・6番線ホームの東京駅側には2002（平成14）年に設置された「安全祈念碑品川駅開業130周年記念」のモニュメントもある。

新幹線の駅は2003（同15）年に開業した。東海道新幹線の駅としては、最も新しい

[品川]駅の新幹線ホーム。駅舎の下にあるため地下駅のような印象(Nyao148 CC BY-SA 3.0)

駅だ。この駅が建設されたのは、折り返し列車を設定することで、輸送力を増強することにあったが、現在、[品川]始発の列車は早朝6時発の1本のみである。

ただ、乗降客は多く、[東京]駅の混雑緩和には寄与しているといえる。

ところで、[品川]駅の中央改札口を入った正面には、オレンジとグリーンに装った電車型の郵便ポストがある。

これは国鉄時代に東海道本線などで活躍していた郵便荷物電車「クモユニ」を模したものだ。投函口を運転室の窓に見立て、実車を彷彿させるよう、うまくまとめている。

ちなみにオレンジとグリーンの塗色は、戦後、東海道線の電車標準色となった通称

［品川］駅構内にある電車型の郵便ポスト。 湘南色に塗り分けられている

「湘南色」である。オレンジの彩色は、沿線に多いミカン畑をイメージしたものだという。

　現在では、東海道線を走る列車はステンレス車体に変わってしまったが、このオレンジとグリーンの組み合わせは、今もイメージカラーとしてすべての車体にあしらわれている。

　なお、この郵便ポストは単なるモニュメントではない。正式な郵便ポストとして機能しているので、機会があればぜひ利用するといい。

都内有数のオフィス街で多数の
ビジネスマンが行き交う街

［品川］駅は、東海道線をはじめ、横須賀線、京浜東北線、山手線などの列車が発着するターミナル駅だ。さらに、東海道新幹線「のぞみ」「ひかり」「こだま」や京浜急行電鉄の本線にも乗り継ぐこともでき、ＪＲ東日本の１日当たりの平均乗車人員は１日平均37万１７８７人。ＪＲ東日本のなかでも第５位となる数字を誇っている。

高輪口（西口）には、京浜急行電鉄の［品川］駅があり、乗り換えができる。

改札内コンコースが南北にあるが、両者はつながっていないので、もう一方のコンコース側に出るにはホーム内を移動することになる。

南側のコンコース側には、改札内のエキナカ商業施設「エキュート品川」がある。80店舗以上が出店する充実ぶりで、乗り継ぎの途中でショッピングや食事を楽しむこともできる。南側コンコースは中央改札と京急乗り換え専用の連絡口に、北側のコンコースは北改札につながる。

高輪口（西口）には大きなシティホテルが立ち並び、ビジネスや観光で東京を訪ねる人々の宿泊地として重宝されてきたが、１９９０年代から港南口（東口）の鉄道用地を活用した再開発が始まった。

今では「品川インターシティ」や「品川グランドコモンズ」といった超高層ビル街に生まれ変わっている。

KWS

JT 04

川崎

かわさき

東京都と横浜市に挟まれた、神奈川県内第2の都市・川崎市の玄関口

工場地帯だった西口は商業開発が進み、すっかり様変わり

東京駅方面から東海道本線を下って行くと、京浜東北線と複々線になった鉄橋で多摩川を渡り、［川崎］駅へと滑り込む。

ホームは島式が3面6線。東側から1・2番線は東海道本線、3・4番線は京浜東北線、5・6番線は南武線となっている。

［川崎］駅は1872（明治5）年、［品川］、［横浜］駅に次いで、日本で3番目の鉄道駅として開業。その後、［品川］～［横浜］間の路線は、東海道本線として整備された。

1927（昭和2）年には南武線の前身となる私鉄の南武鉄道が［川崎］～［登戸］間で開業。南武鉄道は1944（同19）年に国有化されて国鉄の南武線となり、現在、［川崎］駅には東海道本線と南武線が発着している。2011（平成23）年4月9日には、南武線で快速の運転が開始された。

県立川崎図書館に展示されているプラネタリー熱間圧延機フィードロール減速機用歯車。川崎市の産業遺産である

1日当たりの平均乗車人員は、[川崎]駅が20万9480人で、JRの駅としては、横浜駅に次ぐ数字である。

ちなみに、[京浜川崎]駅のほうは12万6304人。

かつて商業施設は東口に集中していたが、2006(同18)年、西口の工場跡地に「ラゾーナ川崎」が開業し、人の流れが大きく変化した。

2018年(同30)年には北口通路が開通し、駅ビル「アトレ川崎」の改装も完成。さらに活況を呈している。

東西に長い市域の移動の便をはかるため、小田急線[新百合ヶ丘]駅と[川崎]駅を結ぶ地下鉄の計画があったが、のちに財政上の理由などで中止となった。

YHM
JT 05
JO 13
JS 13

横浜《よこはま》

利用客数が神奈川県内1位の中心的駅

旧横浜駅は、現在の桜木町駅の場所にあった

［横浜］駅の歴史に触れよう。1872（明治5）年、新橋〜横浜を結ぶ日本最初の鉄道の一部として、工事が順調に進んでいた［品川］〜［横浜］間が先行仮開業。［横浜］駅は当初、現在の［桜木町］駅の位置に設置された。

なお、本開業は［新橋］駅や［品川］駅と同じく、1872（同5）年9月12日（太陽暦10月14日）だった。

1859（安政6）年、明治維新を前に、横浜港は開港した。現在の［桜木町］駅の位置に［横浜］駅を設けたのは、横浜港に近いという地の利も関係していた。

その後、東京と名古屋、大阪、神戸を結ぶ東海道本線の建設が決定。桜木町を経由すると線路が大回りになるため、現在の［横浜］駅付近に分岐を設け、程ヶ谷（現・［保土ケ谷］）方向に直通する線路を敷いた。

列車は［横浜］駅（［桜木町］駅の位置）に停車すると、分岐までバックして戻り、そこから再び正方向になって程ヶ谷に向かった。いわゆるスイッチバック運転だ。詳しくは153ページに記しているので参照していただきたい。

東海道本線は１８８９（明治22）年に全面開通したが、当時も［横浜］駅は［桜木町］駅の場所にあり、スイッチバック運転が続いていた。しかし、直通列車の運転には不便なため、やがて［横浜］駅（現・［桜木町］駅）を経由せず、横浜の乗客は［神奈川］駅や［程ヶ谷］駅で乗降させる列車も登場した。

この体制がしばらく続いたが、１９１５（大正４）年に現在の位置に［横浜］駅が開業し、それと同時に旧［横浜］駅は［桜木町］駅と改称された。

こうした経緯もあり、ＪＲ東日本では［横浜］駅の開業日を移転開業した8月15日にしている。

ホーム番線はＪＲより京急のほうが若い⁉

［横浜］駅は、神奈川県横浜市に位置し、その名のとおり、同市の中心となる駅である。ＪＲでは東海道本線をはじめ、横須賀線、京浜東北線、根岸線、横浜線が発着している。

このうち東海道本線、横須賀線では「湘南新宿ライン」、さらには2015（平成27）年に開業した「上野東京ライン」を通じて、東北本線（宇都宮線）や高崎線などとの直通運転も行なっている。

こうした進化により、北関東まで乗り換えなしでもアクセスできるターミナルとして利便性をさらに高めている。

また、前述のJRの路線だけでなく、京浜急行電鉄（本線）、相模鉄道、東京急行電鉄（東横線）、横浜高速鉄道（みなとみらい線）、横浜市営地下鉄（ブルーライン）も［横浜］駅に乗り入れている。このような状況からわかるように、［横浜］駅は首都圏をつなぐハブとしての機能も担っているのである。

［横浜］駅の乗車人員は、JRだけで1日当たり平均41万4683人。JR東日本では第4位の利用者数を誇っている。

［横浜］駅全体の利用者数の計算は難しいが、単純に各鉄道の乗降人員を合計すると、200万人に迫るほどの規模になる。

JRのホームは4面8線あり、番線は3～10番線となっている。

じつは、JR東日本と京浜急行電鉄は並んで発着していて、番線は京浜急行電鉄を1・2番線として、通しでふられているのだ。

［横浜］駅西口。少しずつ整備が進んでいる

3番線は根岸線下り（京浜東北線や横浜線から直通）、4番線は京浜東北線北行きと横浜線下り（根岸線から直通）、5・6番線は東海道本線下り（上野東京ラインも含む）、7・8番線は東海道本線上り（上野東京ラインも含む）、9番線は横須賀線下り（湘南新宿ラインも含む）と、特急「成田エクスプレス」、10番線は横須賀・総武線上り（湘南新宿ラインも含む）と特急「成田エクスプレス」となっている。

［横浜］駅は、つねに駅構内やその周辺で工事が行なわれていて、現在も、駅周辺は再開発事業の真っ最中だ。

しかも、たくさんの路線が乗り入れているだけに、神奈川県内の駅では1番複雑な構造だといっても過言ではない。

TTK JT06 JO10

戸塚

とつか

JRの駅では神奈川県内第4位の乗車人数を誇る

東海道線と横須賀線の乗り換えに便利な駅

ＪＲでは、東海道本線・上野東京ライン、横須賀線・総武本線（快速）、湘南新宿ラインの3路線が発着している。

［戸塚］駅から先の下りの路線は、経路が異なってくるため、各路線に乗り換えるために乗降する人の数も多い。

駅の構造は、島式ホーム2面4線を有する地上駅。2つのホームは、上り方向と下り方向とに分かれているので、同一ホームで相互乗り換えが可能。

また、改札は橋上と地下の2つがあり、どちらを利用しても、同じく東口・西口の出入口につながる。

ＪＲのほかにも、［戸塚］駅には横浜市営地下鉄ブルーラインが乗り入れていて、地下自由通路を使って乗り換えができる。

さて、［戸塚］駅は、1887年（明治20）年、東海道本線の［横浜］～［国府津］間の開通に伴い開業した。その2年後には横須賀線が開業し、乗り入れが増えた。

また、2001（平成13）年には湘南新宿ラインが運行を開始。［大船］駅発着の特急成田エクスプレスとともに、［戸塚］駅が停車駅となった。

2007（同19）年には、東海道本線の快速「アクティー」が停車するようになり、さらに利便性が高まった。

一方駅周辺の再開発も始まっていった。1986（昭和61）年には、再開発の一環として、東口に「ラピス戸塚」が開業（現在はラピス1～3まである）。ペデストリアンデッキ（歩道橋）も開通し、東口駅前は様変わりをした。その翌年には横浜市営地下鉄が開業した。

その後も駅周辺は再開発が進み、西口には2010（平成22）年、商業施設「トツカーナ」がオープン。駅前は戸塚区の中心らしい近代的な景観となった。

また、駅の東口、西口から多数のバスが出ているので、当駅で降りてバスに乗り換えて目的地に向かう人も少なくない。

［戸塚］駅の1日当たりの平均乗車人員はJRだけで11万1405人で微増傾向にあり、神奈川県内のJRの駅では［横浜］駅、［川崎］駅、［武蔵小杉］駅に次ぐ数字となっている。

OFN

JT 07

JO 09

大船《おおふな》

横浜市と鎌倉市の境界線上に位置する駅

起点・終点となる駅で乗り換え利用の客も多い

ＪＲの鉄道では東海道本線・上野東京ライン、横須賀線・総武本線（快速）、根岸線、湘南新宿ラインが発着していて、横須賀線の起点、根岸線の終点にあたる。

島式ホーム５面10線を有する地上駅でホームは１～10番線まである。コンコースには、ＪＲ東日本の駅では唯一、10本分の列車発車時刻を表示する発車標が設置されている。駅の藤沢寄りと戸塚寄りにそれぞれ橋上駅舎が置かれ、改札内の通路で結ばれている。

改札は鎌倉市側の南改札、横浜市側の北改札の２つがあり、南改札を出ると、東口、西口の出口を利用でき、北改札を出ると、笠間口の出口を利用することになる。

２０１６（平成28）年には、駅改札内に「アトレ大船」がオープン。充実した食料品ゾーン「フードスクエア」など、ついでに立ち寄る鉄道利用客も多い。

駅弁店「大船軒」もあり、名物の「鯵の押寿司」や「大船軒サンドウィッチ」などを販売。じつは、日本で最初にサンドウィッチの駅弁を出したのが「大船軒」である。1898（明治31）年のことだ。

1日の平均乗車人員は9万9139人。神奈川県内では［藤沢］駅に次ぐ第6位である。ちなみに、［大船］駅は、鎌倉市と横浜市の境界上に位置し、駅舎の地下を流れる砂押川が市境となる。駅長室が鎌倉市側に建つので鎌倉市の駅とみなされており、特定都区市内の「横浜市内」には含まれない。

鎌倉市側の西口、東口は再開発事業を進めており（大船駅北第二地区再開発）、2011（平成23）年には、ひと足先に、西口歩行者デッキが完成した。2020年中の工事完了を目指している。

鉄道のほかに、江ノ島へとつながる湘南モノレールも乗り入れていて、駅ビル「ルミネウイング」を介してつながっている。湘南モノレールは［大船］駅が起点となる。［大船］駅に近い小高い丘の上に姿を現す大船観音像は高さが約25メートルあり、大船のシンボル的存在となっている。

［大船］駅は1888（明治21）年に開業したが、1958（昭和33）年に［大船］駅70周年記念として作られた駅スタンプには、大船観音がデザインされている。大船観音のある大船観音寺までは、駅の西口から徒歩5分程度。

藤沢《ふじさわ》

湘南エリアで最も人口が多い藤沢市の玄関口として発展

小田急電鉄と江ノ電に乗り換えられるターミナル駅

ＪＲ東日本の［藤沢］駅の１日当たりの平均乗車人員は10万８２０５人。神奈川県内では［戸塚］駅に次いで第５位で、ＪＲ東日本の電車特定区間外の駅としては最も多い。

同駅は、島式ホームが２本設置され、山側から１～４番線となっている。１・２番線は朝夕の通勤時間帯に運転される「湘南ライナー」、「おはようライナー新宿」が発着するライナー専用ホームで、日中は通常閉鎖されている。３・４番線は東海道本線の普通電車、「通勤快速」、快速「アクティー」、湘南新宿ラインのほか、ライナーの一部列車、「湘南ライナー」、「おはようライナー新宿」、「ホームライナー小田原」も発着しているので、ライナー利用の際には注意が必要である。

３・４番線ホームには、１９４９（昭和24）年に製造を開始した国鉄時代の80系電車をモチーフとした、懐かしいツートンカラーの売店（湘南電車ＫＩＯＳＫ）があり、鉄道フ

往年の「湘南顔」の80系電車をかたどった［藤沢］駅の売店

アンは必見だ。

駅舎はホームの上に橋上スタイルで設置されている。

改札口からは跨線橋のコンコースを抜けて、南口、北口の両方に出ることができる。どちらの出口も、駅前広場の2階に設置されたペデストリアンデッキ（歩道橋）に直結しているので便利だ。

［藤沢］駅はターミナルとしての機能もあり、小田急電鉄江ノ島線と江ノ島電鉄（江ノ電）にも乗り換えが可能。

小田急線の1日あたりの平均乗車人員は16万人を超え、JRの乗車人員よりも約5万人も多い。快適な特急ロマンスカーも停車し、小田急線のほうが利便性は高いからだ。

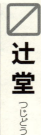

辻堂

つじどう

神奈川県内有数のターミナル駅

湘南の別荘地らしい風情漂う駅

［辻堂］駅は藤沢市の駅だが、西に隣接する茅ヶ崎市との市境に位置する。

ＪＲの東海道本線・上野東京ライン、湘南新宿ラインが発着している。駅の構造は、島式ホーム１面２線を有する橋上駅で、線路を挟んで南口、北口の出口があるほか、茅ヶ崎市側に行きたいときに便利な西口の出口がある。

そのほかの鉄道の乗り入れはなく、接続交通としては、［辻堂］駅の各出口から、神奈川中央交通や江ノ島電鉄のバスが出ており、藤沢市や茅ヶ崎市の各所へアクセスできる。

［辻堂］駅は、１９１６年（大正５）年に開業。

同駅の１日当たりの平均乗車人員は５万７９１０人で、東海道本線の快速「アクティー」が通過する駅のなかでは最も多い数字である。

２０１１（平成23）年に、［辻堂］駅の北口に複合商業施設「テラスモール湘南」がオープン以降、駅の利用者数が増加していて、隣駅の［茅ヶ崎］駅を追い抜くほどとなっている。

この「テラスモール湘南」は駅の北口と直結していて、ショップや飲食店の充実ぶりには目を見張るものがある。さらに、２０１８（同30）年4月には、開業以来発の大規模リニューアルを実施し、約２８０ある店舗のうち、１１７店舗が入れ替わった。

一方、南口を出て海岸方面に進むと、かつて別荘地として人気があった土地の名残が感じられる閑静な住宅街が広がっている。

［辻堂］駅から南へ30分近く歩けば、国道１３４号線に辿り着く。その先はもう海岸である。国道１３４号線に添うように広がる辻堂海浜公園は、ジャンボプールや2ヘクタールもの芝生広場、サッカーやラグビーなどに使用できる多目的広場などがあり、さまざまな用途で楽しめる。

また、「交通展示館」もあり、ミニ四駆を持ち込めば「ミニ四駆コース」で走らせることができたり、「空のゾーン」、「陸のゾーン」、「海のゾーン」でさまざまな乗り物ついて学んだりすることもできる。

しかし何といっても外せないのは「鉄道ジオラマ模型」のコーナー。子どもの遊び場コーナーにも鉄道ジオラマがある。

茅ケ崎《ちがさき》

東海道線本線のほか、内陸へ向かう相模線の始発駅

茅ヶ崎市を代表する駅で発車メロディもサザンの曲

［茅ケ崎］駅は、ＪＲの東海道本線・上野東京ライン、湘南新宿ライン、相模線が発着している。

このうち、相模川と並行するように路線が延びる相模線は、［茅ケ崎］駅を起点としていて、神奈川県相模原市緑区の［橋本］駅との間を結んでいる。

駅の構造は、島式ホーム３面６線を有する地上駅で、各ホームは、自由通路によって行き来ができる。

１・２番線は相模線が使用、もともと貨物線が利用していた３・４番線は、おもに東海道本線の湘南ライナーが使用、５・６番線は、おもに東海道本線の上りと下り、そのほか湘南新宿ラインが使用する。

橋上駅舎で、改札は１カ所。改札を抜けると目の前は駅ビルの「ＬＵＳＣＡ」で、右へ

進めば北口、左へ進めば海岸側の南口へと出る。

ＪＲ以外に乗り換えられる鉄道はないが、駅前のターミナルから出ている神奈川中央交通のバスを利用すれば、市内各エリアのほか、藤沢市、平塚市、寒川町といった近隣の街へアクセスできる。

とくに、１９９８（平成10）年に大規模な改修を終えた北口ターミナルはバスの運行本数が多い。

［茅ケ崎］駅の１日当たりの平均乗車人員は５万６０６６人。

東海道線の駅のなかでは、そう多くない数字だが、相模線の駅としては、終点［橋本］駅の次に多い。

また、茅ヶ崎市内には、ほかにも、相模線の［北茅ケ崎］駅と［香川］駅が存在するが、茅ヶ崎市の代表的な駅といえばダントツで［茅ケ崎］駅である。

そこで、当駅の発車メロディに、茅ヶ崎市出身のミュージシャンとして知られる桑田佳祐が率いるサザンオールスターズの曲を使用しようという動きが市民の間で高まった。

紆余曲折あったものの、その熱意が実り、２０１４（平成26）年からは、サザンの楽曲『希望の轍』が発車メロディとして流れるようになった。

５番線ではイントロが、６番線ではサビのアレンジが使われている。

平塚《ひらつか》

七夕祭りで知られる平塚市の唯一駅

七夕祭りやJリーグファンなど、通勤通学以外の客も多数利用

［平塚］駅は平塚市内唯一の鉄道駅で、ＪＲの東海道本線・上野東京ライン、湘南新宿ラインが発着している。

駅の構造は、島式ホーム２面４線を有する地上駅。

１番線は、東海道線上りと湘南新宿ライナー北行き、４番線は、東海道線の下りが使用する。おもに使用するのはこの２本。２・３番線は特急・快速などが通過したり、接続待ちを行なう列車が停車したりしている。そのほか［平塚］駅で折り返しとなる列車も、２番線に停車する。

改札は中央口（東口）と西口の２カ所あり、中央口の改札を出てすぐ左（北口）には駅ビル「ＬＵＳＣＡ」が、右（南口）に進むと「ＬＵＳＣＡ南館」がある。

ＪＲ以外に乗り換えられる鉄道はないが、駅前のターミナルから出ている神奈川中央交通のバスを利用すれば、市内各エリアのほか、茅ヶ崎市、秦野市、二宮町、大磯町、伊勢原市、厚木市など、近郊の街へアクセスできる。

［平塚］駅は、1887（明治20）年、東海道本線の［横浜］～［国府津］間の開通に伴い開業した。

2001（平成13）年には湘南新宿ラインが運行を開始し、一部列車は［平塚］駅を起点としている。

［平塚］駅の1日当たりの平均乗車人員は6万1844人。東海道本線の単独駅としては数多い。

平塚市といえば関東三大七夕祭りの一つでもある「湘南ひらつか七夕まつり」が有名で、［平塚］駅の北口または西口北側から会場に向かう。来場者は合計で150万人をゆうに超え、毎年まつり開催期間中は、東口改札の北側に、出口専用の臨時改札を設けられるほどである。

Jリーグの「湘南ベルマーレ」のスタジアム「Shonan BMWスタジアム平塚」へのアクセスは、［平塚］駅から徒歩で約25分。

また、北口から路線バスが運行されているが、試合当日はシャトルバス（有料）も運行されている。

大磯《おおいそ》

日本初の海水浴場の開設によって開業が促された駅

湘南の別荘地らしい風情漂う駅

［大磯］駅は、大磯町唯一の鉄道駅で、東海道本線の普通電車をはじめ、湘南新宿ラインの快速なども発着。1日当たりの平均乗車人員は8051人。

1885（明治18）年、日本初の海水浴場として開設されたのが「大磯海水浴場」。2年後の1887（同20）年に、国鉄の東海道本線（旧・［横浜］駅～［国府津］駅間）が開通すると同時に、［大磯］駅が開業した。

当初の駅舎は関東大震災によって倒壊し、オレンジ瓦の三角屋根が絵になる現在の駅舎は1924（大正13）年に再建された。

そして、2000（平成12）年には「明治時代から別荘地となっている気品ある地に、端然とたたずむ木造建築の駅」として、当時の運輸省（現・国土交通省）が選定した「関東の駅百選」に選ばれた。さらに2009（同21）年には、経済産業省の近代化産業遺産

往年の高級別荘地の玄関にふさわしいたたずまいの［大磯］駅の駅舎

の認定も受けた。

［大磯］駅から大磯海水浴場までは、徒歩で10分程度。湘南エリアの海水浴場には、東海道本線の駅のなかでは最もアクセスしやすい。

余談だが、大磯海水浴場が開設されるのは、毎年7月最初の日曜日から8月最後の日曜日までとなっている。

駅前広場の中央には「海内第一避暑地の碑」がある。これは1908（明治41）年に当時の日本新聞社が行なった国内の避暑地ランキングで大磯が第1位に選ばれた記念として建てられたもの。

近年は、マンションや分譲宅地が増えて、別荘地としてより、住みたい街として人気を高めている。

二宮《にのみや》

かつては秦野と結んだ馬車鉄道も敷設されていた

「関東の富士見百景色」などに選ばれた公園も

［二宮］駅は、二宮町唯一の鉄道駅で、東海道本線・上野東京ライン、湘南新宿ラインが発着している。そのほか湘南ライナーの一部が発着。また、平日のラッシュの時間帯には、［二宮］駅始発の上りが2本運行されている。

1日当たりの平均乗車人員は1万3723人である。

1902（明治35）年、東海道本線の駅として開業。その4年後には、［二宮］駅から［秦野］駅を結ぶ湘南馬車鉄道も開通したが、30年間弱の期間を経て廃止の運命をたどった。

1945（同20）年の終戦直前に、［二宮］駅周辺が米軍機による機銃掃射を受け5名が命を落とした。

このときに父親を失ったのが童話作家の高木敏子さんで、後に戦争体験記『ガラスのうさぎ』を綴り反響を呼んだ。その後、1981（昭和56）年に、戦争の悲惨さを後世に伝

える べく、二宮町の人々が募金を集めて、［二宮］駅南口広場に「ガラスのうさぎ像」が建てられた。

ちなみに、同じく南口広場には「伊達時彰徳《だてときしょうとく》の碑」がある。伊達は医師であり、教育者であり、政治家でもあった。地域の発展に寄与した人物で、［二宮］駅の開設にも尽力した。1906（明治39）年には、湘南馬車鉄道の初代社長に就任している。そんな伊達の功績を讃えて、1981（昭和56）年、二宮町の有志により、この碑が建てられた。

現在、乗り換えられる鉄道はないが、駅前の南口、北口から神奈川中央交通のバスが出ていて、［平塚］駅、［大磯］駅、［国府津］駅、［小田原］駅といった近郊のJRの駅や小田急電鉄の［秦野］駅へ向かう路線などが出ている。

また、［二宮］駅の北口を出て5分ほど歩くと吾妻山公園の入り口に着く。

300段ほどの階段を上り山頂を目指すと、途中には浅間神社がある。標高136・2メートルの山頂まで辿りつけば、眼下に360度のパノラマが広がり最高に気持ちがいい。この公園は、「関東の富士見百景色」「かながわ花の名所100選（コスモス）」「かながわの美林50選」「かながわの公園50選」にも選ばれている。

また、園内には、日本武尊（ヤマトタケルノミコト）の伝説が残る吾妻山神社も建っている。

国府津《こうづ》

東海道本線と御殿場線の分岐点となる駅

東海道本線で初の駅弁を販売

［国府津］駅はＪＲ東日本に限ると、東海道本線・上野東京ライン、湘南新宿ラインが発着している。ここで運転される「湘南ライナー」や「アクティー」なども［国府津］駅に停車する。

一方、ＪＲ東海が管轄する御殿場線も乗り入れていて、当駅が始発となる。

小田原市内の鉄道駅のなかでは最も東に位置し、ＪＲ東海の在来線電車が乗り入れる駅としても最東端にあたる。

駅の構造は、単式ホーム１面１線、島式ホーム２面４線を有する地上駅で、乗り場は、１・２番線は東海道線下り、３番線は御殿場線（ＪＲ東海が管轄）、４・５番線は東海道線上りと湘南新宿ライン北行となっている。

３番線のホームからは、西方に御殿場線の０キロポストが見える。

また、東海道本線で初めて駅弁が販売されたのは［国府津］駅である。東海道本線が［御殿場］経由で運転されていた時代、すべての列車が停車した。これを商機としたのだ。開業の翌年、当時、駅前の旅館（現・東華軒）を経営していた飯沼ヒデが、宿泊客であった国鉄高官に掛け合って、駅弁の販売許可を取りつけたという。当初は握り飯に香の物を添えて、それを竹の皮に包んで5銭で売ったという。

その後も、駅弁を載せた木箱を首からぶら下げてホームで売り歩く「立ち売り」のスタイルを、日本でいち早く取り入れたことでも知られる。2代目経営者の飯沼フジが、貿易商の夫がしてくれた、イタリアのホームで見かけた売り子の話を参考に導入したという。

［国府津］駅は、1887（明治20）年に、［横浜］駅～［国府津］駅の開通により開業。その2年後には、［国府津］駅～［御殿場］駅～［静岡］駅が、当時は東海道本線として開業した。

少し間が空いて、1920（大正9）年には、熱海線として［国府津］駅～［小田原］駅が開通。1925（同14）年には、［横浜］駅～［国府津］駅の間が先行して電化したことで、当駅は電気機関車と蒸気機関車とを付け替える場所にもなった。

そして、大きな転換点となったのが、1934（昭和9）年の丹那トンネルの開通だ。これにより、［熱海］駅～［沼津］駅が電化複線で開業し、このルートが東海道本線となり、

［国府津］駅〜［御殿場］駅〜［沼津］駅が御殿場線となる。

ちなみに、［国府津］駅〜［御殿場］駅の急勾配に対応するために、［国府津］駅は上りを助ける補助機関車を連結する場所としての役割も担っていて、補助機関車の基地も置かれていた。

大ヒットの童謡は東海道線と国府津の風景が生んだ

［国府津］駅の駅舎は線路の南側にあり、駅舎というより一見、役所のような4階建ての建物。［国府津］駅の入口の脇には、「国府津駅開業100周年記念」の碑が建っている。台座の上には、富士山をバックに機関車D52が走るレリーフがはめられている。

また、『鉄道唱歌』の「国府津おるれば馬車ありて　酒匂　小田原とほからず……」という歌詞も刻まれている。この歌詞は1900（明治33）年にが発表された初版のもの。同年に小田原電気鉄道が、従来は馬車で車を引いていた鉄道（馬車鉄道）を電化したので、それに応じて「国府津おるれば電車あり……」と、後から歌詞を変更したというエピソードも残っている。

駅前のターミナルからは、神奈川中央交通、箱根登山バス、富士急行の路線バスが出ている。行き先はJR東日本の［小田原］駅、［鴨宮］駅、［二宮］駅、JR東海の［下曽我］駅、小田急電鉄の［新松田］駅方面などがある。

1日当たりの平均乗車人員は6067人で、微減傾向にあり、快速「アクティー」が通過する［辻堂］駅、［大磯］駅、［二宮］駅、［鴨宮］駅より少ない数字である。

駅を出ると、すぐに国道1号線に出る。その先には並行するように西湘バイパスが走る。西湘バイパスの向こう側は国府津海岸である。国府津海岸は釣りスポットとして人気が高い。一方、駅の裏手の丘陵は、昔からみかんの栽培が盛んな地域。ちなみに、終戦後に発表されて大ヒットした童謡『みかんの花咲く丘』（作詞・加藤省吾／作曲・海沼實）は、国府津のみかんの丘と東海道線からインスピレーションを得たものだという。静岡県の伊東に向かう途中、国府津を通過する車窓から、加藤氏が書いた歌詞と重なるみかんの丘と海の風景が流れてきた。と同時に、列車の音のリズムが耳に残り、前奏のメロディが浮かんだのだとか。

小田原市では、［国府津］駅を起点にして曽我丘陵を歩き［下曽我］駅に至るウォーキングコースを策定している。こちらは神社仏閣を巡りながら、富士山や足柄平野の眺望を満喫できるルートで、全長約7・9キロ、所要はおよそ2時間40分。とくに梅林が花咲く季節はおすすめだ。

鴨宮
かものみや

「夢の超特急」新幹線発祥の地

静かな街に新幹線に熱い想いを持つ人々が住む

小田原市鴨宮に位置する駅で、ＪＲの東海道本線・上野東京ライン、湘南新宿ラインが発着している。［鴨宮］駅の１日当たりの平均乗車人員は１万２６５８人で、快速や特別快速の列車は通過する。

［鴨宮］駅は、島式ホーム１面２線の地上駅で、駅舎は橋上である。

最初は１９２０（大正９）年、国有鉄道熱海線の酒匂川信号所として開設された。３年後に信号所から駅に昇格して、駅名も［鴨宮］と改められた。東海道本線の駅となったのは、丹那トンネル開通による１９３４（昭和９）年のことだ。そして、１９７６（昭和51）年に現在の駅舎ができた。

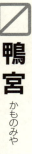

駅の出入口は南口、北口の２カ所あるが、メインは南口になる。

南口には「新幹線の発祥地・鴨宮」と刻まれた記念碑がある。０系新幹線車輛がトンネルを抜けたところを模したモニュメントが台座に乗った凝ったもので、これは2009（平成21）年に、地元の有志により建てられた。

日本初の新幹線が鴨宮の試験線で最初に走行したという歴史を、地元の人々がずっと記憶にとどめるように、という願いが込められているという。碑の裏面には、新幹線の誕生を讃える歌の歌詞も刻まれている。

じつは、東海道線の建設時に試験用区間が、小田原市鴨宮～綾瀬町（現・綾瀬市）に設けられ、［鴨宮］駅に隣接した「鴨宮基地」で管理がされていた。ここの試験用区間は「鴨宮モデル線区」とも呼ばれている。

［鴨宮］駅から少し西へ行くと、東海道本線と東海道新幹線の線路が、しばらく並行して走っている。この両路線が並ぶ間にある新幹線保守基地には、「新幹線発祥之地」と記されたコンクリートのパネルがあり、上りの東海道線から進行方向に向かって左側の車窓を眺めていると見つけることができる。

［鴨宮］駅のプラットホームにある「名所案内」の標識にも「新幹線発祥の地」と記されている。

乗り換えられる鉄道はないが、南口には箱根登山バス乗り場があり、［小田原］駅、［国府津］駅などに向かう路線が出ている。

小田原《おだわら》

東海道五十三次の9番目の宿場町として栄えた中心地の駅

神奈川県西部の一大ターミナル駅

　神奈川県西部に位置する小田原市は、戦国時代には北条氏の城下町として栄え、その後、江戸時代には小田原藩の城下町、かつ東海道の宿場町として栄えたエリア。現在は、施行時特例市となっている。

「小田原」駅は、小田原市の玄関口となる駅で、多くの路線が発着している。ＪＲ東日本に限ると、東海道本線・上野東京ライン、湘南新宿ラインが乗り入れている。そのほかにも、特急「踊り子」、「スーパービュー踊り子（一部のみ停車）」、「湘南ライナー」、「ホームライナー小田原」、「おはようライナー新宿」、臨時快速「伊豆クレイル」、快速「アクティー」も停車する。

　ＪＲ東海が管轄する東海道新幹線も発着していて、各駅停車の「こだま」のほか、「ひかり」の一部列車が停車する。

また、前述のJRの路線だけでなく、小田急電鉄の小田急小田原線、伊豆箱根鉄道の大雄山線が発着している。

［小田原］駅のホームの番線は、JR東日本の路線だけでなく、JR東海や各私鉄も含めて、東側から順に、通しで番号がふられている。JRの在来線は、地上にある島式ホーム2面4線で、3・4番線は東海道本線下り、5・6番線は東海道本線・上野東京ライン上り（一部4番線）となっている。

2014（平成26）年から、3・4番線のホームでは、発車メロディとして童謡『お猿のかごや』が流れている。これは、「郷土にあった曲を発車メロディに」という市民の要望に応えるべく、小田原市の関係者などが働きかけて実現したもの。この曲が選ばれた理由は、「小田原提灯ぶらさげて」という歌詞があるためだ。

一方、東海道新幹線の駅は、高架上にある相対式ホーム2面2線で、13番線が東海道新幹線の下り、14番線が東海道新幹線の上りである。東海道新幹線「こだま」の多くは、［小田原］駅通過列車を待ち合わせる。

また、私鉄は、伊豆箱根鉄道は頭端式ホーム1面2線で1・2番線、小田急電鉄と箱根登山鉄道は島式ホーム2面3線で、7～11番線となっている。

在来線と私鉄は地上駅で、新幹線駅のみ高架駅である。

［小田原］駅の歴史は、1920（大正9）年に、［国府津］駅～［小田原］駅で熱海線が開通したことにより始まる（171ページ参照）。その5年後には熱海線は［小田原］駅～［熱海］駅まで開通した。1927（昭和2）年以降、小田原急行電鉄、伊豆箱根鉄道、箱根登山鉄道といった私鉄路線も、順に［小田原］駅に乗り入れるようになった。

また、1964（同39）年に、東海道新幹線が開業し、JR東海が管轄する［小田原］駅も設置された。1980（同55）年以降は、東海道新幹線の「ひかり」号も一部停車するようになった。

さらに2002（平成14）年には、湘南新宿ラインの運行もスタートした。

「宿場町」の活気を取り戻すべく東口は再開発中

2003（平成15）年に橋上駅舎が完成し、「アークロード」と呼ばれる東西自由通路が開通。東口と西口の行き来が便利になった。JR在来線の改札には、「小田原」と墨色で大きく記された巨大な「小田原ちょうちん」が天井から吊り下げられていて、乗客を出迎えてくれる。この改札を抜けて東西自由通路に出ると、目の前に観光案内所がある。

2005（同17）年には、旧東口JR駅舎の跡地に駅ビル「小田原LUSCA」がオープンし、同時にペデストリアンデッキ（歩道橋）が設置された。

また、東口にあった地下街は一時期営業を終了していたが、２０１４（同26）年に「ハルネ小田原」として再オープンした。そのほかにも、表口にあたる駅の東側は、「宿場町の賑わい」をキーワードに再開発が進行中である。

一方、新幹線口にあたる西口から駅前のロータリーに出ると、「北條早雲公」の像が目に入る。これは市制施行50周年を記念し、１９９０年（同2）年に建立されたもの。北条早雲が騎乗する馬と、その足下には3頭の牛がいる。これは、北条早雲が１４９５（明応4）年、小田原城奪取を成し遂げた際の奇襲作戦として語られている「火牛の計」の逸話をモチーフとしている。

「小田原」駅のうち、在来線を管轄するＪＲ東日本の1日当たりの平均乗車人員は3万4484人で、東海道新幹線を管轄するＪＲ東海の1日当たりの平均乗車人員は1万4495人である。

ほかの私鉄について多い順に記すと、小田急電鉄が6万6612人、箱根登山鉄道2万1516人、伊豆箱根鉄道1万5600人（２０１４年調べ）となっている。このうち、箱根登山鉄道と、伊豆箱根鉄道は、各路線の駅のなかでは1番多い数字である。

早川
はやかわ

観光客や釣り人で賑わう小田原漁港の最寄り駅

魚を食べたり、釣ったり、「地魚散歩」も楽しい

小田原市の早川に位置する駅で、ＪＲの東海道本線・上野東京ラインが発着している。駅の構造は、島式ホーム１面２線と側線１本を有する地上駅。素朴な佇まいの駅舎はホームの脇、相模湾側にあり、駅舎へ向かうときは、ホームから地下通路を利用する。駅を出ると広い自転車置き場があり、のどかな雰囲気が漂う。

［早川］駅は、１９２２年（大正11）年、国有鉄道熱海線の［小田原］～［真鶴］間の開通に伴い開業した。ちなみに、翌年には関東大震災が起こり、完成して間もない駅舎が倒壊するという憂き目にあった。

［早川］駅の１日当たりの平均乗車人員は１３５５人と少ない。２００７（平成19）年に業務委託駅となり、同年みどりの窓口業務が終了した。駅には売店がないので、利用する場合は心に留めておいたほうがいい。

国有鉄道の開業前、人車鉄道・豆相《ずそう》人車鉄道（のちの熱海鉄道）の路線が、１８９６（明治29）年に、現在の湯河原市の吉浜から小田原まで延伸した際に、現在の［早川］駅の近くに停車場があった。こうした流れから、この地に［早川］駅が誕生したのである。快速「アクティー」については、かつて当駅は通過していたが、現在は停車するようになった。

乗り換えられる鉄道はないが、駅から近い国道１３５号に出ると箱根登山バスの「早川駅停留所」がある。本数は少ないが、［湯河原］駅、［根府川］駅、［小田原］駅方面に向かうバスが出ている。

［早川］駅は小田原漁港の最寄り駅で、徒歩５分ほどで本港に到着。

本港は、もともと陸地で、掘込み式で整備された全国的にも珍しい漁港である。漁港の界隈には小田原の地魚を飲食したり、地魚の干物などを買い物したりできる店がたくさん並ぶ。

一方、本港の南には新港があり、こちらは人気のある釣り場として知られ、休日はもちろんのこと、平日でも釣り人が行き交っている。

小田原港には、赤を基調にした「小田原１号防波堤灯台」と、白を基調にした「小田原２号防波堤灯台」があり、どちらも小田原提灯をイメージしたデザインが印象的だ。

根府川
ねぶかわ

神奈川県内の東海道本線の駅として唯一の無人駅

駅舎も景色もよし、撮影ポイントとして人気

2002(平成14)年から、[根府川]駅は無人化(東海道本線のJR東日本管轄区間では唯一の無人駅)され、改札口にはSuica端末が設置されている。

1日当たりの平均乗車人員は1071人程度(ただし、数字は2010年調べ)。

とはいえ「関東の駅百選」の一つに選ばれている。選定理由は「ミカン山を背に相模湾を見下ろし日の出が絶景な駅」とのことで、元旦に運行されるJR東日本の「初日の出号」では、[根府川]

こぢんまりとした[根府川]駅の駅舎。関東の駅百選の認定駅である

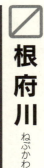

白糸川橋梁を走る特急「スーパービュー踊り子」

駅停車中に、初日の出を楽しめる企画もある。

駅のホームから、天気がよい日であれば、三浦半島から房総半島、さらには伊豆大島あたりまで望むことができる。立地がよくテレビや映画のロケ地にもしばしば使われる。

「根府川」駅の南側に隣接した白糸川橋梁は、全長199メートルのトラス鉄橋で、周辺の山から見下ろすと、相模湾と列車を美しい構図で撮影でき、鉄道ファンには有名なポイントである。ただし、防風柵で見通しが悪くなったのは残念。また、撮影の際は、くれぐれも、マナーや安全に対する配慮を心がけたい。

「根府川」駅を出て左へ向かって5分ほど歩けば、関所跡入口バス停があり、脇には「豆相人車軌道歴史街道　根府川駅跡」の解説が設置されている。

真鶴《まなづる》

真鶴半島を巡る拠点となる駅

森林、巨岩、海……大自然がギュッと凝縮したエリア

神奈川県の真鶴町にある唯一の鉄道駅。JRの東海道線・上野東京ラインが発着している。快速「アクティー」は当駅に停車する。

駅の構造は、島式ホーム1面2線を有する地上駅。駅舎は［早川］駅と同様に、ホームの脇、相模湾側にあり、駅舎に出るにはホームから地下通路を利用する。

［真鶴］駅は、1922年（大正11）年、国有鉄道熱海線の［小田原］～［真鶴］間の開通に伴い開業した。［早川］駅と同じように、人車鉄道・豆相人車鉄道（のちの熱海鉄道）の路線が、1896（明治29）年に、現在の湯河原市の吉浜から小田原まで延伸した際に、現在の［真鶴］駅の近くに停車場があった。

［真鶴］駅の1日当たりの平均乗車人員は3376人。

駅前の広場には伊豆箱根鉄道と箱根登山バスのバス乗り場があり、バスを利用すれば真

鶴町の各所へアクセスできるほか、［小田原］駅や［湯河原］駅に向かうバスなども出ている。

［真鶴］駅を拠点に、真鶴半島を巡ったり、近隣の観光エリアである［小田原］駅や［湯河原］駅と組み合わせて旅行する計画を立てるのも一興だ。

県立自然公園に指定されている真鶴半島は、全体に山勝ちで起伏が多いが、「中川美術館」から岬方面へと東西に歩く「お林遊歩道」、「中川美術館」から原生林の中を南北に歩く「森林浴遊歩道」、番場浦駐車場から亀ヶ崎へと伸びる「番場浦遊歩道」、番場浦駐車場から海岸線を歩き、休憩施設「ケープ真鶴」に向かう「潮騒遊歩道」と、計4つの遊歩道が整備されている。

崖上の展望台の見晴らしが素晴らしく、天気がよければ、伊豆半島や房総半島、初島や伊豆大島まで望むことができる。

また、真鶴岬は岩礁になっていて、その先には三ツ石と呼ばれる岩が突き出ていて、見事な海岸線は「かながわ景勝50選」に選ばれている。

また、「真鶴半島遊覧船」を利用すれば約30分で半島の見どころを巡ることができる。乗り場までは［真鶴］駅から歩くと約30分。バスも出ている。

駅売店では、「小鯵押寿司」や「鯛めし」などのお弁当が売られている。

湯河原《ゆがわら》

都心からアクセスしやすい行楽・静養地の駅

文人墨客に愛された温泉郷

神奈川県の湯河原町にある唯一の鉄道駅で、神奈川県内では最南端に位置する。ＪＲの東海道本線・上野東京ラインが発着する。快速「アクティー」が停車するのはもちろんのこと、特急「踊り子」や「スーパービュー踊り子（一部列車）」も停車する。

駅の構造は、島式ホーム１面２線を有する地上駅。駅舎は［早川］駅などと同様に、ホームの脇、相模湾側にあり、駅舎に出るにはホームから地下通路を利用する。

［湯河原］駅は、１９２４年（大正13）年、熱海線の［真鶴］～［湯河原］間の開通に伴い開業した。翌年には熱海～湯河原間も開通。

［湯河原］駅の１日当たりの平均乗車人員は５９２２人。

駅前の広場には、伊豆箱根鉄道と箱根登山バスが発着するロータリーがあり、真鶴町の各所へアクセスできるほか、［小田原］駅、［真鶴］駅、［熱海］駅に向かうバスが出ているほか、箱根方面へのバスも発着している。
源頼朝を支えた鎌倉時代の武将・土肥実平は、湯河原駅から城願寺あたりに屋敷を構えていたと伝わり、ロータリーの中心には、「土肥氏館趾」の碑と土肥実平夫妻の銅像が建っている。

さて、湯河原町は、万葉時代から続く温泉は有名だが、観光スポットも多い。「湯河原」駅を下車してゆっくり散策するのもいいし、「湯河原」駅を拠点にして、小田原、熱海、箱根といった近郊の人気エリアに足を延ばすこともできる。

また、「日本の歴史公園百選」に選ばれている「万葉公園」は、湯河原を代表する観光スポットの一つで、「湯河原」駅前を通る県道75号を箱根方面に3キロほど進んだ先にあるので足を延ばすのもいい。

街の中心も、「湯河原」駅～「万葉公園」あたりで、この道筋に飲食店や土産店なども点在する。

万葉公園は、湯権現熊野神社や、万葉集で唯一、出湯について詠われた湯河原についての歌碑、温泉を使った足湯などがある。そこからさらに箱根方面に進めば、奥湯河原温泉へ。大人の隠れ家といった風情の温泉宿が建つ静寂なエリアである。

熱海

あたみ

都心からのアクセスがいい奥座敷として定評があり、新幹線も停車する駅

伊豆半島の玄関口となるターミナル駅

［熱海］駅は、東京と神戸を結ぶ東海道本線の駅。ＪＲ東日本が管轄する東海道本線の駅としては最も西側にあり、温泉地として有名な静岡県の最東部・熱海市の玄関口である。また、［熱海］駅はＪＲ東日本の伊東線の起点となるほか、ＪＲ東海が管理する東海道新幹線「こだま」と「ひかり」の一部列車の停車駅でもある。

在来線側のホームは、海側から片面だけの単式ホーム１本、両面を使う島式ホームが２本あり、１～５番線となっている。１番線は［熱海］駅始発の伊東線列車、２・３番線は東海道本線下り列車と東海道本線から伊東線への直通列車、４・５番線は東海道本線上り列車を基本としている。在来線の１日当たりの平均乗車人員は１万５７人である。

一方、新幹線側は、相対式ホームの２面２線で、６・７番線となっている。新幹線の１日当たりの平均乗車人員は４５８３人。

首都圏側からは、普通電車のほか、特急「スーパービュー踊り子」、「踊り子」が毎日運転していて、週末や多客期などには「リゾート踊り子」、「マリンエクスプレス踊り子」、「はちおうじ踊り子」といった特急の運転もある。

また、伊豆への玄関口の一つでもあり、伊東線を経由して伊豆半島東海岸を走り、南伊豆の［伊豆急下田］駅へと至る、伊豆急行の電車も姿を見せる。

悲願の鉄道路が開通するまでの道のりは険しかった

東海道本線は1889（明治22）年に、［新橋］～［神戸］間を全線開通させた。このとき、［国府津］～［沼津］間は現在の御殿場線経由の運行だったので、［熱海］駅は存在しなかった。

しかし、江戸後期にはすでに民衆の湯治場として人気があった熱海では、来湯客の足の便を図ろうと地元住民が腐心して、1893（同29）年、「豆相人車鉄道」という［小田原］～［熱海］間を結ぶ軽便鉄道を開通させた。

この鉄道は定員6人乗りの小さな客車を2、3人の車夫で押すという、世界的にも珍しい軌道システムだった。

「熱海」駅から南西側に徒歩5分ほどの場所には、豆相人車鉄道の「熱海」駅の跡地があり、当時の様子を描いたレリーフ付きの石碑が建てられている。

しかしながら、やがて人車軌道による輸送では追いつかなくなり、1907（明治40）年に蒸気機関車の運行を開始。鉄道名も「熱海鉄道」と改めた。JR「熱海」駅前には、当時導入された機関車「熱海鉄道7号機関車」が保存されていて、往時を偲ぶことができる。

さて、大正時代に入ると、「国府津」駅以西で熱海線として現在の東海道本線の建設が始まった。御殿場経由から熱海経由の新路線に変更となれば、熱海鉄道はとても太刀打ちできないと判断し、当時運営していた大日本軌道は1920（大正9）年、国に売却した。

とはいえ、東海道本線開通前に「小田原」～「熱海」間の鉄道の移動手段がなくなれば地元住民が困るので、有志で熱海軌道組合を設立し、熱海鉄道の施設を国から借りる形で運行を続けることになった。しかし、1923（同12）年の関東大震災により、「小田原」～「熱海」間の線路は大半が崩壊。壊滅的な打撃を受けて廃業に追い込まれた。

一方、東海道本線の工事は熱海へのライフラインともなるため、鉄道省（のちの日本国有鉄道）により急ピッチで進められ、2年後の1925（同14）年には、「熱海」駅まで開通。現在のJR「熱海」駅の開業である。このときはまだ、「熱海」～「函南《かんなみ》」間の丹那トンネルは開通しておらず、「国府津」～「熱海」間の線路は「熱海線」と呼ばれていた。

［熱海］駅の駅ビル「ラスカ熱海」。「ラスカ」はほかに、［平塚］［小田原］［茅ヶ崎］駅にもある

そして1934（昭和9）年、丹那トンネルが開通し、それに伴って、熱海線が東海道本線に編入された。

さらに翌年には、［熱海］～［網代《あじろ》］間を結ぶ伊東線が開通し、1964（同39）年に東海道新幹線（現在はJR東海が統括）が開業すると、［熱海］駅が停車駅になった。

こうした鉄道路線の充実によって、好景気の昭和時代には、東京から日帰りでも楽しめる温泉地として賑わいを見せたものの、バブル崩壊の影響などもあり、熱海を訪れる客が落ち込んでいった。しかしながら、2014（平成26）年に新しい駅舎ができたり、2016（同28）年に駅ビル「ラスカ熱海」が開業したりするなど、近年、熱海界隈は大きく生まれ変わりつつある。

日本列島の大動脈・東海道貨物線の貨物駅
（21ページの地図参照）

東京貨物ターミナル駅
とうきょうかもつたーみなるえき

［東京貨物ターミナル］駅は、品川区八潮に位置するＪＲ貨物の貨物駅で、東京モノレール［流通センター］駅からは徒歩で約15分。当駅は、ＪＲ東日本の旅客駅の一つでもあるが、これまでに旅客営業を行なったことはない。

さて、［東京貨物ターミナル］駅は１９７３（昭和48）年、品川区勝島の埋め立て地で開業し、徐々に敷地を広げてきた。

日本の貨物駅としては最大面積を誇り、東海道本線を中心に、毎日、全国各地を結ぶ貨物列車が多く発着する。

２０１１（平成23）年の取扱いは、年間で、発送量が１２１万２５２１トン、到着量は１４０万４２５０トンにも上る。

長距離列車は、大阪府吹田市の［吹田貨物ターミナル］駅、大阪市東住吉区の［百済《くだら》貨物ターミナル］駅、大阪市此花区の［安治川口］駅、福岡市東区の［福岡貨物ターミナル］駅などへ向かう。

そのほか、武蔵野線、東北本線、常磐線方面への貨物列車が出ている。長距離列車は、［札幌貨物ターミナル］駅、秋田県秋田市の［秋田貨物］駅、岩手県盛岡市の［盛岡貨物ターミナル］駅、長野県松本市［南松本］駅などへ向かう。

また、［東京貨物ターミナル］駅と並んで東京の2大貨物駅といわれている、荒川区南千住にある［隅田川］駅との間で、シャトル列車の運行が1日4往復ある。

2018（同30）年には「東京貨物ターミナル駅高度利用プロジェクト」が本格始動。当駅南側には、約10万7000平方メートルもの敷地に、マルチテナント型の大型物流施設「レールゲート」2棟などを建設する。今後JR貨物では、「レールゲート」の開発を全国展開する予定だ。

［東京貨物ターミナル］駅の西側には、東海道新幹線の車両基地が隣接する。

川崎貨物駅《かわさきかもつえき》

［川崎貨物］駅は、川崎市川崎区塩浜にあり、京浜急行電鉄大師線［小島新田］駅に近接。東海道本線貨物支線が発着している。このほかにも神奈川臨海鉄道の浮島線と千鳥線、2本の貨物線が乗り入れている。

コンテナ貨物と車扱貨物を取り扱っていて、2008（平成20）年には、年間の発送量が12万7157トン、到着量が13万3718トンだった。

［川崎貨物］駅は、1964（昭和39）年に、［塩浜操］駅という名称で開業。1973（同48）年には、［東京貨物ターミナル］駅まで貨物支線が延びた。そして1990（平成2）年に現在の［川崎貨物］駅に改称した。

当駅は、東海道貨物線のほかにも、神奈川臨海鉄道の複数路線が集積する一大貨物駅で、38万1739平方メートルにも及ぶ広大な敷地を有する。

横浜羽沢駅 よこはまはざわえき

［横浜羽沢］駅は、横浜市神奈川区羽沢町に位置するJR貨物の貨物駅である。

東海道本線の［鶴見］駅と［東戸塚］駅の間に位置し、横浜市営地下鉄ブルーライン［三沢上町］駅からは徒歩で約20分、相模鉄道本線の［上星川］駅からは徒歩で約30分。

［横浜羽沢］駅は、1979（昭和54）年、貨物と小荷物を扱う一般駅として開業。当駅では、かつては［保土ケ谷］駅や［高島］駅（現在は廃止）で行なっていたコンテナ貨物の業務を取り扱っている。

2014（平成26）年は、年間の発送量が18万6233トンで、到着量が16万7145トンだった。

［横浜羽沢］駅に隣接した地下に、相模鉄道の［羽沢横浜国大］駅の建設が進行中で、相模鉄道と湘南新宿ラインや上野東京ラインへつながるJRの直通列車の経由地となる予定がある。20

19（同31）年度中には開業し、さらに2022（同34）年度中には、東京急行電鉄の東横線・目黒線［日吉］駅へ通じる、相鉄・東急直通運転の開業を目指している。

相模貨物駅《さがみかもつえき》

1971（昭和46）年に開業した［相模貨物］駅は、神奈川大磯町高麗にあり、東海道本線の［平塚］駅と［大磯］駅の間に位置するJR貨物の貨物駅である。

［平塚］駅からは1・9キロ、［大磯］駅からは2・1キロの位置だ。

［相模貨物］駅では、コンテナ貨物と車扱貨物を取り扱い、2008（平成20）年は、年間の発送量が22万9627トン、到着量が18万6678トンだった。

西湘貨物駅《せいしょうかもつえき》

［西湘貨物］駅は神奈川小田原市前川にあり、東海道本線の［国府津］駅と［鴨宮］駅の間に位置するJR貨物の貨物駅である。

［国府津］駅からは1・9キロ、［鴨宮］駅からは1・2キロ。

1970（昭和45）年に開業したが、現在は、臨時車扱貨物の取扱い駅で、東海道貨物線で運行される貨物列車が待避する信号場として、あるいはコンテナ留置場としてのみ機能している状況だ。

JO 16
JS 16

西大井《にしおおい》

各方面にアクセスしやすく利便性が高い駅

かつては伊藤博文も暮らした閑静な街

［西大井］駅は東京と品川区西大井に位置する。ＪＲでは、横須賀線・総武線（快速）、湘南新宿ラインが発着している。ホームから頭上を見上げると、東海道新幹線高架があり、高架橋の真下にある珍しい駅。

駅の構造は、相対ホーム２面２線を有する高架駅。駅の改札は１番線、すなわち東側にあるのみ。

接続交通機関はないが、駅前ロータリーと近くの道路にバスの停留所があり、東急バスが運行していて、［五反田］駅や［大井町］駅方面へアクセスできる。また、駅前にはタクシー乗り場もある。

そんな［西大井］駅は、１９８６（昭和61）年に開業。２００１（平成13）年からは、このときに運行開始となった湘南新宿ライナーも停車するようになった。

［西大井］駅の1日当たりの平均乗車人員は1万5167人。東京23区内のJRの駅としては少ない数字だが、品川・東京方面、横浜方面へともにアクセスしやすいので利便性の高い駅である。湘南新宿ラインを利用すれば、渋谷・新宿へも1本で行ける。

駅前には、UR都市機構ジェイタワー西大井イーストタワー、ジェイタワー西大井など、高層マンションが建っていて、数は少ないが、飲食店や24時間スーパーもある。

また、駅を背に東側へ少し歩くと、広いグラウンド、子どもが遊具で遊べるエリア、散策路などが整備された西大井広場公園がある。

一方、［西大井］駅の南側の高架下をくぐって反対側に出ると、右手に西大井緑地公園がある。

ここの公園に隣接するように伊藤博文公墓所が建っていて、墓所は「しながわ百景」に選ばれている。ただし、見学には事前の申し込みが必要だ。

ちなみに、現在は残っていないが、大井にはかつて伊藤博文の邸宅もあった。このエリアは、伊藤博文と縁の深い街ということで、「大井伊藤町」という町名が用いられていたこともある。

その名残で現在でも、［西大井］駅界隈を散策していると、「伊藤町会」「伊藤小学校」「伊藤中学校」など、「伊藤」という名称が散見される。

JO 15
JS 15

武蔵小杉《むさしこすぎ》

JRの駅では神奈川県内第3位の乗車人数を誇る

横須賀線が開業し、近代化された街に変貌

神奈川県川崎市中原区小杉町に位置する駅。JRでは、横須賀線・総武線（快速）、湘南新宿ライン、南武線が発着している。そのほか特急では、新宿方面発着の「スーパービュー踊り子」と横浜または大船発着の「成田エクスプレス」が停車する。

さて、「武蔵小杉」駅の歴史は、1927年（昭和2）年に始まる。当時、南武鉄道線の［向河原］駅と［武蔵中原］駅の間に開業した「グラウンド前停車場」。これが1944（同19）年に［武蔵小杉］駅として改称した。

一方、横須賀線の［武蔵小杉］駅は2010（平成22）年に仮開業し、その翌年に正式開業した。

JRの［武蔵小杉］駅の1日当たりの平均乗車人員は12万8079人で、横須賀線の駅では第5位の数字で、横須賀線開業によって利便性がよくなり、増加傾向にある。

ＪＲのほかには、東京急行電鉄の東横線と目黒線が乗り入れていて、東急電鉄の１日当たりの平均乗車人員は22万２６７４人である。

東急東横線の［武蔵小杉］駅は１９４５（昭和20）年に開業。さらに２０００（平成12）年には東急目黒線も開業。東急目黒線は、都営三田線と営団地下鉄（現・東京メトロ）南北線との直通運転も、同年にスタートした。

ＪＲの駅の構造は複雑で、南武線側は、相対式ホーム２面２線を有する地上駅で、北改札を通過すると、北口、西口、東口へ出る。東急東横線・目黒線に乗り換えるには、東口を利用する。

一方、横須賀線側は、島式ホーム１面２線を有する高架駅で、新南改札を通過すると横須賀線口へ出る。南武線の駅と横須賀線の駅は５００メートル近く離れているので、乗り換えには少々時間を要する。地下通路でつながっていて、間には２カ所、動くスロープも設けられている。

なぜこれほど離れているかというと、横須賀線の［武蔵小杉］駅は、川崎市の働きかけによって路線開通から時間が経ってから「請願駅」として新設されたという経緯があるのだ。市の要望は受け入れられたもののすでに駅用地の確保は難しく、両駅の距離をより近くすることは叶わなかったのである。

JO 14

JS 14

新川崎《しんかわさき》

新鶴見操車場の跡地に隣接する駅で周辺は再開発真っ直中

複合施設や研究機関など多様な発展が期待できる街

［新川崎］駅は川崎市幸区の鹿島田にあり、東側は多摩川を越えると東京都、西側は、鶴見川を越えると横浜市に入るような位置にある。

現在は規模を縮小しているが、かつては広い敷地を誇った新鶴見操車場（現・新鶴見信号場）に隣接している。［新川崎］駅に隣接して、JR貨物の新鶴見機関区があり、いろいろな電気機関車が出番を待っている。

［新川崎］駅は、1980年（昭和55）年に開業した。JRの横須賀線・総武線（快速）、湘南新宿ラインが発着している。構造は、島式ホーム1面2線を有し、橋上駅舎がある。

線路を挟んで東口と西口の出口がある。東口を出て東側へ歩くと、JR南武線の［鹿島田］駅へ8分程度でアクセスできるが、乗換駅には指定されていない。

ただし、［新川崎］駅と［鹿島田］駅とは、2016（平成28）年に複合商業施設「新川崎スクエア」を経由して、ペデストリアンデッキ（歩道橋）でつながり、相互の行き来がしやすくなった。そのおかげで飲食店などが多くでき、街として開けているのは、こちらの東側である。

一方、１９８４（昭和59）年に廃止された新鶴見操車場の跡地は着発線や、新鶴見機関区を継続させながら大半を開発中。南側は「創造のもの計画」が進んでいて、最先端の研究開発拠点として変化を遂げようとしている。

また、「新川崎」駅の西口から徒歩約15分で、川崎市内で唯一の動物園「夢見ケ崎公園」へアクセスできる。レッサーパンダ、ペンギン、カメなど、60種類ほどの動物が飼育されている。年中無休で、そのうえ無料で楽しめる貴重な施設だ。この公園のある加瀬山は、周辺が海だった頃から人が暮らした痕跡があると考えられている。弥生時代の貝塚や数多くの古墳が見つかっていて、歴史散策するのも楽しい。

そのほか、２０１８（同30）年には、複合施設「コトニアガーデン新川崎」が開業。「新川崎」駅の西口から徒歩約15分程度で着く。

「新川崎」駅は、乗り換えられる鉄道はないが、接続交通としては、駅前から、川崎鶴見臨港バスと川崎市交通局のバスが出ており、「川崎」駅方面へアクセスできる。

「新川崎」駅の１日当たりの平均乗車人員は２万７２６４人。

JO 12
JS 12

保土ケ谷

ほどがや

東海道五十三次の4番目の宿場町に開業した駅

区の行政の中心地・［星川］駅より乗車人数は多い

［保土ケ谷］駅は、横浜市保土ケ谷区では唯一のＪＲの駅で、横須賀線・総武線（快速）、湘南新宿ライン（高崎線直通）が発着している。

１８８７年（明治20）年、東海道本線の横浜〜国府津間の開通に伴い開業。当時は「程土ヶ谷」という表記であった。開業当時は、現在の［桜木町］駅の位置に［横浜］駅があった。そのため、［程土ヶ谷］駅へ向かうために、旧［横浜］駅でスイッチバックをしていた。

その後、１９３０（昭和５）年に横須賀線が電車化するタイミングで、［程土ヶ谷］駅は横須賀線が乗り入れるようになり、その代わりに東海道線は通過することになった。その翌年には、駅名が現在の［保土ケ谷］駅に改称された。

駅の構造は島式ホーム１面２線を有する地上駅で、橋上駅舎である。

駅ビル「ビーンズ保土ケ谷」があり、このうち西館は［保土ケ谷］駅の改札から直結している。

一方、規模は小さいが、東口には東館があり、こちらも駅から通路でつながっている。西口には、生鮮食品の店やファストフード店などが入る、もう一つの駅ビル「ＣＩＡＬ」もある。

ところで、駅名に「保土ケ谷」という区名がつくが、保土ケ谷区の行政の中心は相模鉄道本線「星川」駅周辺である。「保土ケ谷」駅の１日当たりの平均乗車人員は３万３６１３人、「星川」駅の１日当たりの平均乗車人員は２万９６３４人で、「保土ケ谷」駅のほうが多くなっている。

乗り換えられる鉄道はないが、駅前の西口、東口から神奈川中央交通、相模鉄道、横浜市交通局のバスが出ていて、「星川」駅をはじめ、横浜市内各地へアクセスできる。

「保土ケ谷」駅界隈は、東海道五十三次の４番目の宿場「程土ヶ谷宿」があった場所で、毎秋10月には「保土ケ谷」駅西口周辺で「保土ヶ谷宿場まつり」が開かれる。

ちなみに、「保土ケ谷」駅の西口からすぐの「宿場そば桑名屋」は、区から「まちかど博物館」に指定されている。

店内には程土ヶ谷宿のパノラマ模型や、浮世絵が飾られていて、タイミングがよければ4代目の店主から、程土ヶ谷宿の歴史を伺うことができる。

JO 11 JS 11

東戸塚

ひがしとつか

[戸塚]駅と[保土ケ谷]駅の間に後発で誕生した駅

東口・西口ともに都市化が進行

[東戸塚]駅は、JRの横須賀線・総武線(快速)と湘南新宿ライン(宇都宮線)が発着している。ただし、湘南新宿ライン(高崎線)や快速「アクティー」は通過する。

[東戸塚]駅は1980(昭和55)年に開業。横須賀線の神奈川県内の駅では最も遅い開業時期である。

東海道線が、[戸塚]駅〜[横浜]駅を一気に走り抜けるのに対して、横須賀線・総武線(快速)は、[保土ケ谷]駅と当駅に停車する。とはいえ、[戸塚]駅〜[保土ケ谷]駅間もかなり距離があるということで、新たに誘致されたのが当駅なのだ。そして、2001(平成13)年には湘南新宿ライン(宇都宮線)も運行開始した。

駅の構造は、相対ホーム2面2線を有する高架駅で、東口、西口の出口がある。近年では、どちらも再開発が進み様変わりしている。東口に出ると、歩道橋でつながる商業施設

「オーロラシティ」が目に飛び込んでくる。一方、西口のロータリーに出ると、商業施設「東戸塚西口プラザ」、大型スーパー「モレラ東戸塚東急ストア」がある。そのほか、高層マンションも駅周辺にそびえている。

接続する鉄道はないが、駅前の東口、西口にバスロータリーがあり、相模鉄道、横浜市交通局、神奈川中央交通のバスが出ていて、横浜市内各地へアクセスできる。

［東戸塚］駅は、1日当たりの平均乗車人員が5万8400人で増加傾向にあり、とくに朝のラッシュ時の混雑が激しくなっている。

近代化を遂げた東戸塚界隈だが、［東戸塚］駅東口から5分ほど歩くと、まだ駅がなかった昔から続く「肥田牧場」がある。

2002（同14）年には、周囲へのにおいを配慮して、放し飼いを止めたが、かつては東海道本線の車窓から、牛舎や牛を眺められることが、東戸塚を通過する楽しみの一つだった。

現在は、牧場近くに直営の「アイス工房メーリア」があり、作りたてのソフトクリームやジェラートを食べることができる。

駅から［保土ヶ谷］駅方向に徒歩7～8分のところには、清水谷戸トンネルがある。1887（明治20）年に完成した、現役の鉄道トンネルでは日本最古のものだ。

JO 08
JS 08

北鎌倉

きたかまくら

遠方から訪れる旅行客と毎日の通学に利用する学生が交差する駅

鎌倉を代表する名刹の参道を線路が分断!?

［北鎌倉］駅は、1927（昭和2）年、夏場だけの臨時駅として開業したのち、3年後の1930（昭和5）年に正式な駅に昇格。1997（平成9）年には、「古都鎌倉にふさわしく、静かで素朴な駅」として「関東の駅百選」に選ばれた。

鎌倉時代の歴史を偲ぶ観光スポットが点在する場所柄、旅行客の利用も多く、同駅の1日当たりの平均乗車人員は8997人にのぼる。

通常は横須賀線・総武線（快速）と湘南新宿ライン（宇都宮線直通）が発着していて、そのほかにも、繁忙期の休日の日中を中心に、一部の成田エクスプレスが停車する。

［北鎌倉］駅のホームは、上りと下りが向かい合わせになった相対式の地上駅。

駅舎は上りホーム側にあり、下りホームから駅舎に向かうには、構内踏切を渡らなければならない。

［北鎌倉］駅そばの踏切は、もともとは円覚寺の参道だった

駅舎の常設改札口のほかに、下りホームの久里浜寄りに臨時改札口があり、簡易Ｓｕｉｃａ改札機が設置されていて常時利用可能だ。このような臨時改札口が設けられているのは、鎌倉学園、北鎌倉女子学園、大船高等学校の最寄り駅で、生徒たちの利用時間帯の混雑を緩和する狙いがある。

駅前には１２８２（弘安５）年創建の円覚寺の総門があり、駅改札を出るとすぐに境内である。臨済宗鎌倉五山第二位の円覚寺は、北条時宗によって建てられた禅寺だが、現在は、境内の一部が線路用地として提供されていて、線路が参道を横断する形をとっている。

白鷺池に架かる石橋や参道の階段から踏切を望むと、その様子がよくわかる。

JO 07
JS 07

鎌倉《かまくら》

古都・鎌倉巡りの玄関口

年間延べ2千万人以上の観光客が訪れる

鎌倉は、1192（建久3）年に源頼朝が鎌倉幕府を開いたことで知られる地だ。三方を山に囲まれた天然の要害で、1333（元弘3）年の北条氏滅亡まで武家政治の中心となっていた。こうした歴史の流れから、周辺には由緒ある寺社仏閣が点在している。

こうした風土が好まれ、近代に入ってからは、作家、美術家といった多くの文化人が滞在したり、居を構えたりした。そして、ドラマや小説の舞台にもなり、映画などのロケ地としても数多く登場している。行政としても古都の趣を残すため、乱開発の規制にも熱心に取り組み、今も住民や観光で訪れる人々に愛される街となっている。

そのような努力の甲斐もあって、2000（平成12）年には、JRの「鎌倉」駅が、「多くの史跡をかかえる鎌倉の中心にあって、古都を感じさせるたたずまいの駅」として「関東の駅百選」に選定された。

そんな鎌倉らしい景観を演出しているのが西口駅前の時計塔。これは、1983（昭和58）年、旧駅舎で使われていた時計塔を残そうという地元住民の保存運動により、広場に移設されたもの。レトロな趣の時計塔は高さ約8メートルほどあり、今も［鎌倉］駅のシンボルで、時計塔の周囲は、住民や観光客でいつも賑わっている。

さて、［鎌倉］駅は、その名のとおり鎌倉市の中心となる場所。通常は、JRの横須賀線・総武線（快速）、湘南新宿ライン（宇都宮線直通）が発着している。そのほか、土・日曜には臨時列車も停車し、多くの観光客が利用している。それから、2014（平成26）年には、繁盛期の土・日曜、祝日のみ、成田エクスプレスの一部列車の［横須賀］駅までの延長運転がスタートし、［鎌倉］駅にも停車するようになった。

また、JRの路線以外にも、［藤沢］駅が始発の江ノ島電鉄線が乗り入れていて、［鎌倉］駅が終着駅となる。

1889（明治22）年、官設鉄道の［大船］～［横須賀］間が開通した際に、［鎌倉］駅も開業。以降、今日に至るまで当駅は鎌倉旅行の拠点である。ちなみに、江之島電氣鉄道（現・江ノ島電鉄）の［小町］駅（現・［鎌倉］駅）は1910（同43）年に開業している。時代を経て、2001（平成13）年からは湘南新宿ラインが運行を開始した。

駅の構造は、島式ホーム1面2線を有する地上駅で、駅の出口は東口・西口があり、メインは東口である。東口には観光総合案内所や2017（平成29）年にリニューアルオープンした駅ビル「CIAL鎌倉」が隣接する。「CIAL鎌倉」には、人気の鎌倉みやげが充実している。

一方、西口の改札の左側には、江ノ島電鉄への乗り換え専用の出口も備える。

JR［鎌倉］駅の1日当たりの平均乗車人員は4万4843人。江ノ島電鉄［鎌倉］駅は2万4612人である。

鎌倉市では、2020（同32）年の東京オリンピック・パラリンピックに向けて、ますます観光客が増加することを見込んで、受け入れ体制を整えているところである。というのも、［東京］～［鎌倉］間は横須賀線を使えば直通で1時間弱の近さであり、横浜市と藤沢市も五輪会場となるからだ。

その一環として、前述の駅ビルリニューアルのほか、東口では混雑緩和のために歩道部分を広げたり、外国人観光客が迷わないよう案内板をリニューアルしたりと、改善策を実施している。また、西口の広場もスペース不足、観光案内の対応がないといった課題があり、2019年（同31）度までに改善を目指している。

東口の広場にはバスのロータリーがあり、江ノ島電鉄と京浜急行鉄道のバスが発着。鎌倉市内の各地へアクセスできるほか、［大船］駅、［藤沢］駅方面などへ足を延ばすこともできる。これらの路線バスのほか、近畿や東北からの高速バスも発着している。

西口側にも、鎌倉市役所発のバスが到着する。タクシーを利用する場合、東口のほうがタクシーの台数は多いが、東口・西口どちらでも乗車可能だ。

駅を出て小町通りで食べ歩きをしながら鶴岡八幡宮の方面へ

さて、鎌倉の街の中心的存在は、鎌倉初代将軍・源頼朝ゆかりの神社「鶴岡八幡宮」で、[鎌倉]駅の東口からなら、徒歩10分程度と近い。駅を出てまっすぐ進めば、すぐに参道・若宮大路の交差点に出る。若宮大路は桜の名所としても知られる。

また、若宮大路に並行して延びる1本西側の通りが「小町通り」で、鎌倉随一の人気を誇る、そぞろ歩きが楽しいエリア。かまぼこ、コロッケ、点心といった惣菜系、団子、ソフトクリームといった甘味系など、食べ歩きグルメが充実している。

そのほかにも、鎌倉大仏が鎮座する「高徳院」、銭洗いで有名な「銭洗弁財天」、あじさいをはじめ美しい花で知られる「長谷寺」など、観光名所を挙げたらキリがない。

いずれにしても、[鎌倉]駅を起点にすれば、徒歩圏外の場所でも、江ノ電やバスを乗り継いでアクセスできるので間違いない。

JO 06
JS 06

逗子《ずし》

葉山御用邸の玄関口・お召列車が運行されていた駅

逗子と隣接する葉山の観光の拠点に

神奈川県逗子市にある駅。1894（明治27）年に建てられた葉山御用邸への玄関口となる駅でもあり、かつては「御召列車《おめし》」が度々運行していた。

通常は、JRの横須賀線・総武線（快速）、湘南新宿ライン（宇都宮線直通）が発着している。横須賀線・総武線（快速）の多くは、［逗子］駅が始発・終点となるので、ここより先、久里浜、横浜・東京方面へ向かうには、当駅で乗り換えることになる。

1889（同22）年、官設鉄道の［大船］～［横須賀］間が開通するに伴って［逗子］駅が開業した。

2001（平成13）年から、［逗子］駅が始発・終点となる湘南新宿ラインが運行を開始した。その後、2014（同26）年には、成田エクスプレスの一部列車が、繁盛期の土・日曜、祝日のみ、［横須賀］駅まで延長運転がスタートし、［逗子］駅も停車するようになった。その一方、翌年からは「おはようライナー逗子」、「ホームライナー逗子」が廃止された。

JR［逗子］駅の1日当たりの平均乗車人員は2万9273人。ちなみに京浜急行電鉄［新逗子］駅は2万5128人である。両駅は徒歩で5分程度の距離にあり、定期券のみ連絡運輸（乗り換え駅として1枚の定期にすることができる）がある。

駅の開業はJRの［逗子］駅のほうが古いが、逗子市役所は［新逗子］駅北口の真ん前に建っている。両駅の間が逗子市きっての繁華街となっている。

駅の構造は、単式ホーム1面1線と島式ホーム2面3線を有する地上駅で、東口、西口がある。接続交通機関はないが、東口にバスのロータリーがあり、京浜急行鉄道のバスが発着。逗子市内の各地へアクセスできるほか、鎌倉方面へ行くことができる。

［逗子］駅の1番ホームには、1899（明治32）年に造られた跨線橋を支えた柱が1本展示されている。これは、高さ約4・7メートルの鋳鉄製で、建設時から使用され続けたものとしては最古とみられている。

バリアフリー化に伴い撤去されたが、地元の鉄道ファンが保存運動を展開したことで、貴重なものとして保存されるに至った。

このほかにも2本の柱が逗子市に寄贈されている。

JO 05

東逗子《ひがしずし》

豊かな緑と歴史を楽しむハイキングコースの起点となる駅

景勝の地、天台宗・神武寺への入り口

［東逗子］駅は、三浦半島のつけ根の西部にある［逗子］駅と、同じくつけ根の東部にある［田浦］駅の間に位置する内陸の駅で、横須賀線・総武線（快速）が発着している。

［東逗子］駅は、1952年（昭和27）当時、国鉄の横須賀線の駅として開業した。駅は、相対式ホーム2面2線を有する地上駅で、ホーム間は跨線橋が架けられている。出口は南側がメインで、そのほか、北側に抜けられる出口もある。

南口にはこじんまりとした駅前広場があり、高さ2メートルを超える白御影石の少年像「友情」が出迎えてくれる。この像は、彫刻家・岩田実さんの作品で、もともとJR［鎌倉］駅の東口改札に設置されていたもの。［鎌倉］駅の駅ビル改装を機に、2017（平成29）年、［東逗子］駅にやってきた。

また、駅前のコンビニに隣接した1800平方メートルもの敷地は、現在のところ、仮

設の学童保育施設や「東逗子ふれあい広場」として、街のイベントなどに使用されているが、逗子市は、２０２２（同34）年度の完成を目標に、地域の活性化を促す複合施設の建設を目指している。

「東逗子」駅の１日当たりの平均乗車人員は５１２４人である。

鉄道、バスの接続交通機関はないが、南口からすぐの県道24号線まで出れば、「東逗子駅バス停」があり、「田浦」駅に向かう京浜急行バスが運行している。また、駅前にはタクシー乗り場もある。

観光スポットも豊富だ。

逗子市では「東逗子」駅を起点として「神武寺コース（所要約２時間）」、「神武寺・鷹取山コース（１時間20分）」、「二子山コース（所要約３時間）」の３つのハイキングコースを設定している。

７２４（神亀元）年、行基によって創建されたと伝わる天台宗の寺院・神武寺は、「逗子八景」のひとつ「神武寺の晩鐘」をはじめ見どころが多いし、「かながわの景勝50選」、「かながわの美林50選」、「かながわの名木１００選」にも選ばれている。

一方、鷹取山、二子山は豊かな自然とすばらしい眺望を堪能できるスポット。神武寺までは、「東逗子」駅の北口から表参道に向かい、徒歩で約20分。

JO 04

田浦《たうら》

両脇のトンネルのためにドアカットが行なわれる駅

三浦半島の春を告げる梅の里の最寄り駅

横須賀市田浦町に位置する駅で、横須賀線・総武線（快速）が発着している。［田浦］駅は、官設鉄道の［大船］～［横須賀］間の開通から15年後、１９０４（明治37）年に開業した。

駅は島式ホーム1面2線を有する地上駅で、橋上駅舎。ホーム間は跨線橋が架けられている。

数ある駅のなかでも、前後がトンネルに挟まれているのは珍しい。トンネルのためにホームの長さが制限され、11両編成の電車はホームからはみ出し、先頭車両はトンネル内で停車しドアが開かない（ドアカット）。

駅の出口は南側がメインで、［東逗子］駅と同様、駅前にはこじんまりとした広場があるほか、北側に抜ける出口もある。

駅前からは、JR［逗子］駅、京浜急行電鉄の［追浜］駅方面へ向かう京浜急行バスが運行している。また、タクシー乗り場もある。

ちなみに、京浜急行電鉄本線にも［京急田浦］駅があるが、両駅は2キロ弱ほど離れているので乗り換えはできない。

［田浦］駅の1日当たりの平均乗車人員は2304人で、横須賀線の駅では最も少ない数字で微減傾向にある。

また、横須賀市長浦には、横浜DeNAベイスターズの練習場・通称「ベイスターズ球場」があり、トレーニングで汗を流す選手たちの姿を間近で見ることができる。［田浦］駅からは徒歩15分程度。

一方、「田浦海の里」は三浦半島唯一の梅林で、2700本以上の梅が咲き誇る。ここは「かながわ花の名所100選」に選ばれた名所で、開花時期には、たくさんの花見客が訪れる。

また、敷地内にはアスレチック広場や展望塔、海を見渡せる気持ちのいい芝生広場などがあるので、通年、家族連れでのんびり楽しめる。［田浦］駅からは徒歩でおよそ30分。

「田浦海の里」で収穫した無農薬の梅の実を原料としてつくられる「横須賀梅酒」は、無香料だが芳醇な香りで、なかなかの美味。三浦半島のみやげにもいい。

JO
03

横須賀

よこすか

戦前は日本軍が、戦後は海上自衛隊と米海軍が守りを固める軍港の駅

軍事路線の終着駅として発展

江戸末期の1865（慶応元）年、製鉄所（後に横須賀造船所と改称）が設置され、以降、横須賀は日本の近代化を担う拠点の一つとなった。

一方、1880（明治13）年には首都・東京防衛のため、観音崎など横須賀の各地に旧日本陸軍の基地がつくられ、その4年後には、さらに旧日本海軍鎮守府も設置された。こうした流れから、陸・海軍は基地の維持発展のためにも、この地に鉄道を敷く必要性を強く説き、横須賀線建設が実現した。

具体的には、官設鉄道により、1889（同22）年、大船〜横須賀間が開通。その終着駅として［横須賀］駅が開業し、それから20年後には横須賀線の駅となった。1944（昭和19）年に横須賀線が［横須賀］駅から［久里浜］駅まで延びるまでは、横須賀線の終着駅として機能していた。

駅のホームは2面3線。前述のとおり、かつて横須賀線の終点駅だった時代があり、1・2番線は当時の姿を残す行き止まり式となっている。こうした駅の構造から、［横須賀］駅の構内には階段がないのが特徴だ。「階段が一つもない平坦な、人にやさしい駅」と評価され、1997（平成9）年には「関東の駅百選」に認定されている。

なお、横須賀線は当駅までが複線で、そこから先、終点の［久里浜］駅までは単線となっている。そのため、大半の列車は上下とも3番線に発着。2番線は［横須賀］駅の終着・始発列車のみに使われ、1番線での定期列車の発着はない。

［横須賀］駅は、ほかの路線との接続がなく、1日当たりの平均乗車人員は5421人。かつては湘南新宿ラインも走っていたが、2004（同16）年から［逗子］折り返しとなった。一方、2014（同26）年から、「成田エクスプレス」の一部列車が、繁盛期の土・休日のみ、［横須賀］駅まで延長運転。この場合、［横須賀］駅が始発駅となる。

現在の駅舎は、1940（昭和15）年に竣工した3代目である。ただし、そのデザインは1914（大正3）年に造られた2代目の雰囲気をよく残したものといわれている。

駅の出入り口には、カモメをモチーフにした「よこすか海軍カレー」の公式キャラクターの「スカレーちゃん」の人形が設置されていて、当駅の利用客を出迎えてくれる。

また、駅舎正面の駅名表示を見上げると、カモメとイカリをあしらった横須賀らしい駅のシンボル（駅のスタンプにもなっている）が目に入り、こちらも旅情を高めてくれる。

ちなみに、駅のスタンプには観音崎灯台と汽船を描かれてものもあるが、実際にそれらが見られるのは横須賀線の終点、［久里浜］駅に近い場所で、横須賀らしさはイマイチ感じられない。

軍港散歩、クルーズも楽しい

ところで、横須賀港は13の地区に分けられているが、［横須賀］駅は、本港地区に面していて、横須賀港の中心となっている。戦前は旧日本海軍が使用していたが、戦後は海上自衛隊および米海軍が利用している。

［横須賀］駅に近い湾岸には、2001（平成13）年にフランス庭園の様式を取り入れて整備された「ヴェルニー公園」がある（旧名臨海公園）。名称は、横須賀製鉄所（後に横須賀造船所と改称）建設に貢献したフランス人技術者のフランソワ・レオレンス・ヴェルニーにちなんだもの。

園内にはヴェルニーや横須賀製鉄所などの資料を展示する「ヴェルニー記念館」や、旧日本海軍時代に建築された「逸見波止場衛門跡」などがあり、横須賀港界隈の歴史を知る

［横須賀］駅近くの軍港に停泊している自衛隊の艦船。近くには米軍の基地もある

ことができる。

公園の前には海上自衛隊の護衛艦が停泊していて、その雄姿は横須賀線の車窓からも目にすることができる。また、［横須賀］駅から徒歩10分ほどの桟橋からは、「ＹＯＫＯＳＵＫＡ軍港めぐり」というクルーズも毎日に運航されている。日米の艦船を見られる日本唯一のクルーズだけに、人気を呼んでいる。

一方、街の中心部は［横須賀］駅から車で5分ほどの距離にある横須賀市役所の界隈である。

京急本線の［横須賀中央］駅が最寄り駅で、こちらは横須賀港の新港地区にあたる。新港地区は、数ある横須賀港のうち、商業利用のメインの港でもある。

JO 02

衣笠《きぬがさ》

横須賀市内のJR駅で最も利用人数が多い

史跡や自然をテーマにしたハイキングの起点になる

［衣笠］駅は、横須賀線・総武線（快速）が発着している。１９４４年（昭和19）当時、国鉄の横須賀線の駅として開業した。

駅の構造は、島式ホーム１面２線を有する地上駅で、ホームと改札口は地下通路でつながっている。［横須賀］〜［久里浜］駅は単線区間なので、［衣笠］駅では、列車が行き違う様子を見ることができる。

２００１（平成13）年に湘南新宿ラインが運行を開始し、［衣笠］駅にも停車していたが、３年経たないうちに［逗子］折り返しとなってしまった。

駅前一帯には、活気のある衣笠商店街が広がっていて、１日当たりの平均乗車人員は８７５７人と多い。これは、同じ横須賀市内のＪＲ駅である［横須賀］駅、［久里浜］駅を上回る数字である。

［衣笠］駅を出ると交番に隣接して、衣笠商店街の総合案内所がある。商店街のお店の案内やイベントチラシなどを入手できるので、これらを片手に、商店街をぶらぶら散策するのも楽しい。

また、駅前からは、ＪＲ［逗子］駅、京浜急行電鉄の［汐入］駅方面へ向かう京浜急行バスなどが運行していて、タクシー乗り場もある。

衣笠には、源頼義から相模国三浦の領地を与えられた武家・三浦氏にまつわる史跡が点在している。

三浦氏が本拠地としていた「衣笠城址」をはじめ、「大善寺」、「満昌寺」などゆかりのスポットを、［衣笠］駅を起点に巡ることもできる。

また、衣笠商店街では、2年に一度、三浦一族の武者に扮したパレードが行なわれ、「三浦一族興亡の地」として街を盛り上げている。

衣笠城址の南側にある「衣笠山公園」は桜の名所で「日本さくら名所100選」に選ばれていて、開花時期にはライトアップされる。

そのほかにも、［衣笠］駅は、三浦半島では最高峰242メートルの「大楠山」や14万株の菖蒲をはじめ四季折々の花を愛でることができる「横須賀しょうぶ園」などを巡る、ハイキングコースの起点・終点にもなる。

JO 01

久里浜《くりはま》

横須賀線の終着駅は、ペリーが上陸した港のある街

史跡、海、緑、花と散策が楽しい駅

横須賀線は［横須賀］駅まで複線だが、その先は［久里浜］駅まで単線である。［久里浜］駅のホームは島式で1面2線。［久里浜］駅は横須賀線の終着駅。おおむね、どちらかの番線には出発待ちの列車が停車中なので、車内で座って待つことができる。

１日当たりの平均乗車人員は６６８４人。

駅前のロータリーにはシンボルツリーとしてプラタナスの巨木があり、「かまくらと三浦半島の古木・名木50選」に指定されている。樹高は約22メートル。

さて、［久里浜］駅を出て駅前広場から右手に向かうと徒歩3〜5分程度の距離に、京急久里浜線の［京急久里浜］駅があり、乗り換え可能である。［京急久里浜］駅の１日当たりの平均乗車人員４万４０８３人で、街としてはこちらのほうが栄えている。

ＪＲ［久里浜］駅の開業は１９４４（昭和19）年。当駅の開業に伴い、京急久里浜線の

元祖［久里浜］駅は、［湘南久里浜］駅に改称。その後も1963（同38）年［京浜久里浜］駅→1987（同62）年［京急久里浜］駅と、改称を繰り返した。

近年は、人気のクマのキャラクター「リラックマ」とタイアップして、コラボ期間中には駅名看板や駅名標を［京急リラックマ久里浜］駅に変更したことでも話題になった。

一方、JR［久里浜］駅の駅舎の反対側、構内の一部エリアはJR東日本の「横浜総合訓練センター」として使われており、ホームから、車体に「YOKOHAMA」と記された訓練用電車を見られることもある。

この横浜総合訓練センターは、JR東日本の横浜支社内の運転業務に従事する社員を対象に、異常時対応訓練を行なう施設である。1年間に2000名ほどの訓練者を受け入れている。

2018（平成30）年は鎖国政策を転じての開国150年にあたるが、久里浜はペリー上陸の地として知られ、現在は「ペリー公園」として整備されている。園内には、「ペリー上陸記念碑」、「ペリー記念館」などがあり、その足跡をたどることができる。入館無料。［久里浜］駅からは、徒歩で25分程度かかる。

また、ペリー公園から10分程度歩くと、東京湾フェリーの久里浜港に着く。久里浜港からは、南房総・金谷港へのカーフェリーが発着している。片道約40分で、およそ1時間に

［久里浜］駅近くにあるペリー公園内にある「ペリー上陸記念碑」

1本の間隔で出港している。フェリー乗り場までは、［久里浜］駅からバスで約10分。徒歩だと40分近くかかる。なお、東京湾フェリーはSuicaで乗船可能である。Suicaで乗船できる航路は日本初だ。

また、［久里浜］駅の南西側に広がる丘陵地帯は久里浜緑地と呼ばれ、これを整備して横須賀市立「くりはま花の国」が開設されていて、緑と四季折々の花が楽しめる。入園無料。［久里浜］駅から最寄りの入口まで徒歩15分。

58万平方メートルにもおよぶ広大な園内は起伏もあり、散策はちょっとしたハイキング気分だ。敷地内では、「フラワートレイン」と呼ばれるSLを模した乗り物が30分間隔で運転されている（こちらは有料）。

第3章

東海道線・横須賀線の歴史

日本最初の鉄道は東海道線だった

鉄道は近代国家建設の礎として敷設された

第1章、第2章で、主として首都圏の東海道線や横須賀線について述べてきた。本章ではその歴史を展望していくが、首都圏を走る東海道線・横須賀線の歴史を語るには、「東海道本線」の歴史が密接に関わってくる。

そのため、［東京］から［神戸］に至る東海道本線全線についても折に触れ語ってゆく。

＊　＊　＊

1872（明治5）年10月14日（旧暦9月12日）午前10時、［新橋］～［横浜］間の鉄道が本開業を迎えた。これは日本初の鉄道であったとともに、東海道本線の始まりでもあった。

明治政府は富国強兵・殖産興業を政策の基調として近代国家建設の緒に就いたばかり。この鉄道開業を極めて意義のあるものととらえていたのである。のちの鉄道開業50周年目には10月14日を「鉄道記念日」と定め、それが現在の「鉄道の日」へと続いている。

貨物列車の運行も早々に始まった

1872年（明治5）年10月14日（旧暦9月12日）の本開業式典開催日、一般の列車運行は中止となったが、翌日から「新橋」〜「横浜」間で1日9往復の運転が始まっている。所要時間は53分、運賃は「新橋」〜「横浜」間が上等1円12銭5厘、中等75銭、下等37銭5厘、4歳以上12歳未満のこどもは半額とされた。現在の貨幣価値に換算すると、上等では10万円ほどで、かなり高額だった。

当初は旅客列車だけの運行だったが、1873（同6）年9月からは貨物列車の運行も始まっている。

旧新橋停車場跡に復元されている当時のホームと線路

開業当初１日９往復であった［新橋］～［横浜］間の運行は、１５０年近くたったこんにち、東京～横浜間は、東海道線、横須賀線をはじめ、京浜東北線、新幹線が並び、私鉄の京急線や東急東横線あわせて１日約２５００本も走っている。

27年かかって全通した東海道線

京都～大阪～神戸間が相次いで開業

［新橋］～［横浜］間の鉄道に続いて［大阪］～［神戸］間の建設も始まった。こちらも１８７０（明治３）年に測量を開始しているが、この区間には芦屋川・住吉川・石屋川と３つのトンネル、さらに十三《じゅうそう》川・神崎川・武庫《むこ》川といった河川で鉄橋が架設されたこともあり、開業は１８７４（同７）年５月11日となった。

［大阪］～［神戸］間の建設が佳境に入ったところで、引き続き［京都］～［大阪］間の建設にも着手した。こちらは１８７６（同９）年７月26日に［大阪］～［向日町］間を開業、同年９月５日には京都の大宮通に仮駅を設けて開業、このときから［京都（仮駅）］～［神戸］間の直通運行を開始している。その後、［京都］駅の建設が進められ、翌年２

東海・近畿地方の東海道線の開業年

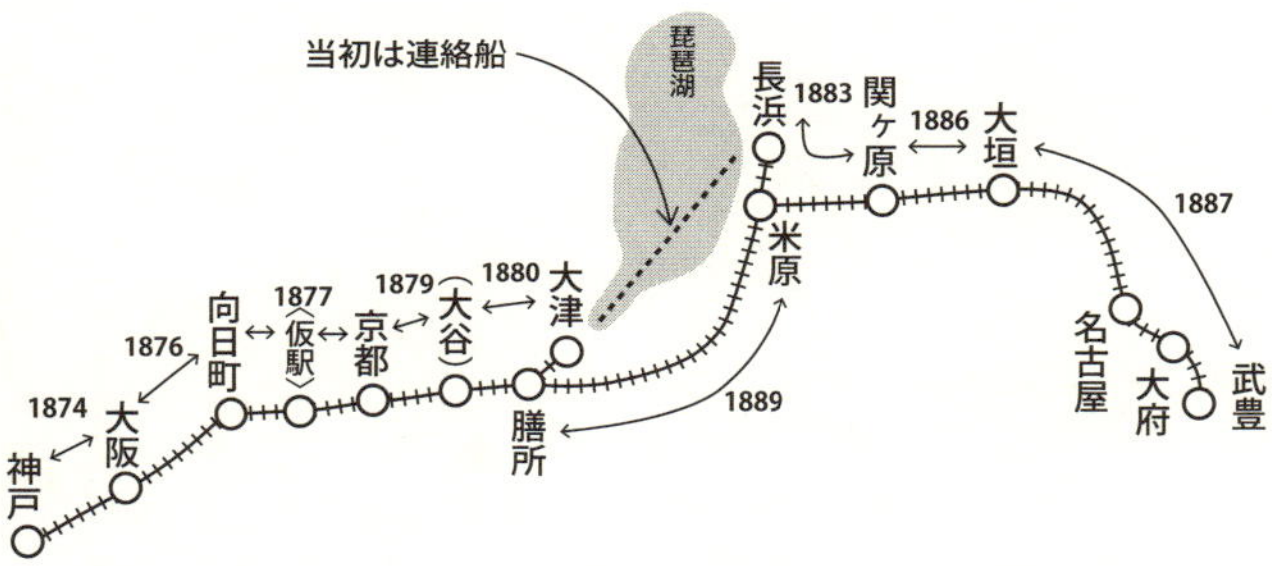

＊数字は開業の年

月6日から［京都］～［神戸］間の本開業による運転が始まっている。

戦争、地形……、さまざまな要因で滞る鉄道建設

こうして東西で鉄道が産声を上げたが、路線長は合計でようやく100キロを超える程度だった。並行してさらなる鉄道の計画も立てられ、［京都］～［敦賀］間および［米原］～［名古屋］間で測量も進められた。

じつは［京都］駅本開業時、［京都］～［敦賀］間は着工を待つばかりとなっていた。

ところが［京都］駅本開業から10日余りのちに西南戦争が始まった。この戦争は、兵員や兵器を運ぶ軍事輸送という観点から、鉄道の重要性を認識させることになった。しかし、

東海道ルートと中山道ルート（イメージ）

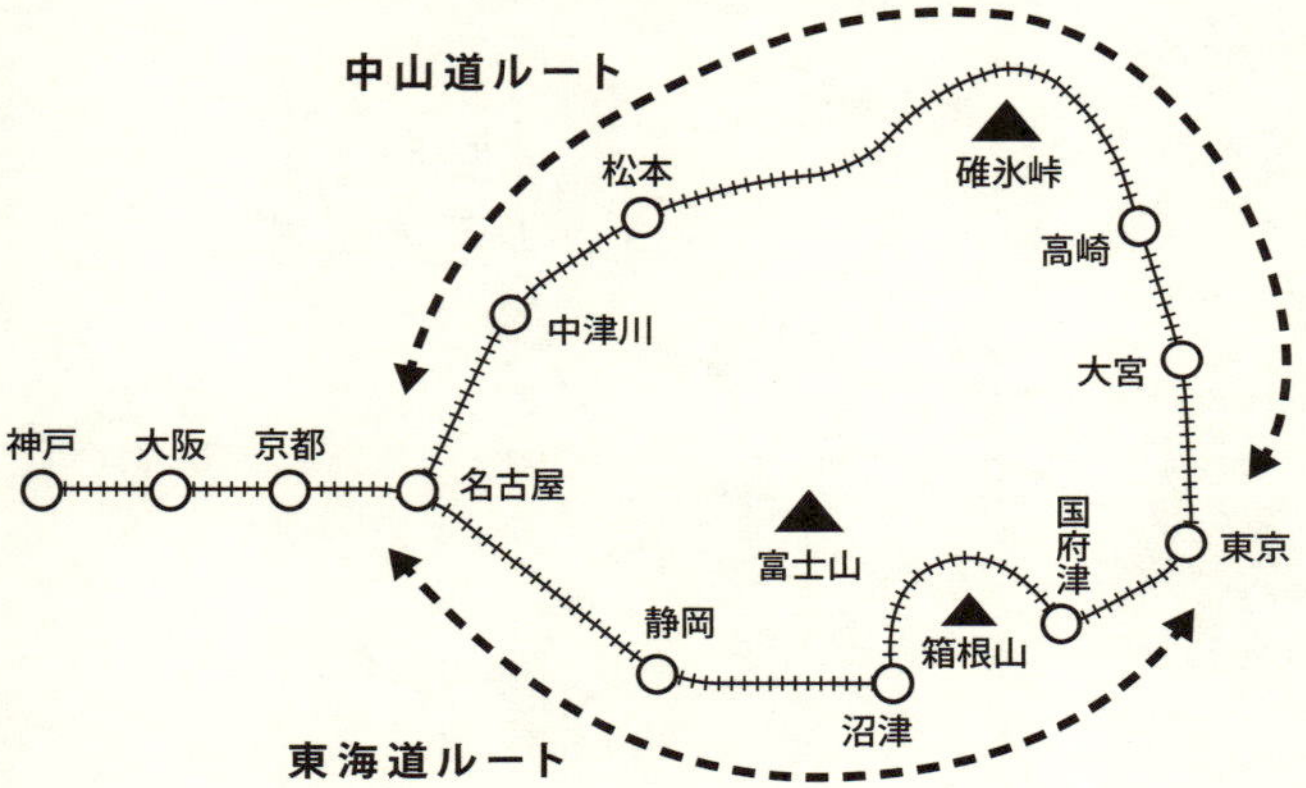

その一方では戦費に予算がとられるため、鉄道建設が滞るという面もあった。

東海道ルートが幹線鉄道に決定する

１８８３（明治16）年10月、明治政府は「東京」～「大阪」間の幹線鉄道を中山道ルートに定め、「高崎」～「直江津」間の建設に取り掛かった。既に１８８４（同17）年に、「高崎」まで開通していたが、これに接続するものだった。ところが、具体的に測量などを進めていくと中部山岳地帯の地形が想像以上に険しいことがわかってきた。「横川」～「軽井沢」間の碓氷峠はもとより随所で急勾配を余儀なくされ、トンネル掘削も数多く必要だったのである。

関東・東海地方の東海道線の開業年

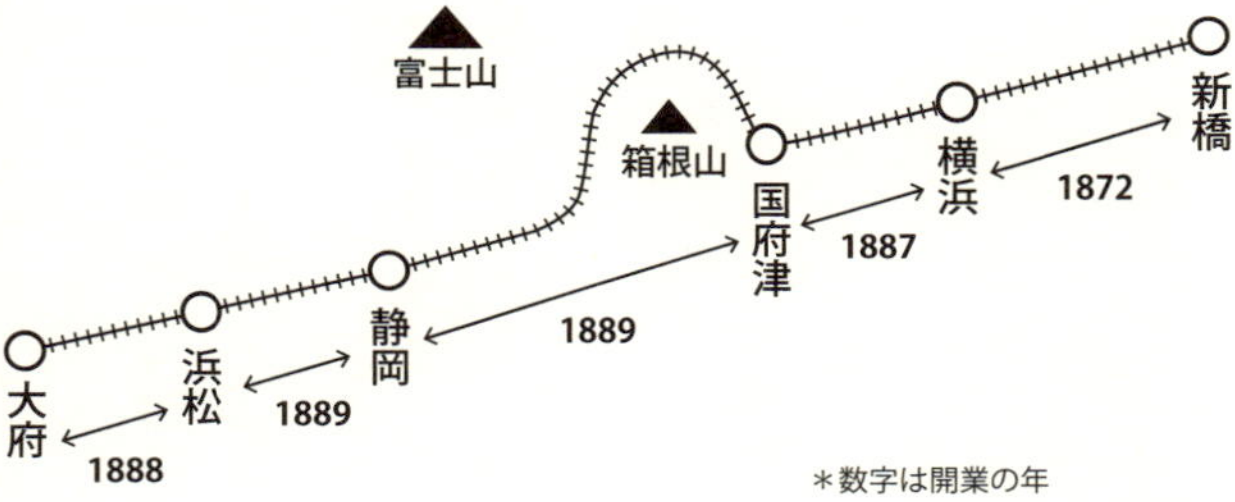

そこで改めて［東京］～［名古屋］間の鉄道建設費や勾配状況、完成後の運行見込みなどについて中山道と東海道で精査比較したところ、東海道の方が有利という結論が出た。かくして1886（同19）年7月13日には、幹線鉄道は東海道ルートに変更する閣議決定がなされた。以後、東海道幹線鉄道あるいは東海道線と呼ばれるようになっていく。

そして、東海道線は、上図のように開業していった。以上により、［新橋］～［長浜］間が全通した。［長浜］から［大津］まで琵琶湖の水運を利用することで、関東から関西までの輸送路が一応は完成することとなった。

また、この東海道線全通をめざす工事の一環として、琵琶湖を連絡船で結んでいた［長浜］～［大津］間も鉄道建設が始まる。

そして［新橋］～［長浜］間全通から3カ月後の

１８８９（明治22）年７月１日、［深谷］（［関ケ原］～［長浜］間の中間駅。現廃止）～［長岡］（現・［近江長岡］）～［米原］～［馬場］（現・［膳所《ぜぜ》］）間を一気に開通している。これによって東海道線全路線が鉄路で通じ、幹線鉄道が完成したのである。なお、このときに合わせて［米原］～［長浜］間も開通しており、こちらはのちに北陸本線の一部となっている。

さらに１８９９（同32）年10月15日には［関ケ原］～［長岡］（現・［近江長岡］）間に［柏原］経由の新線が完成、［関ケ原］～［米原］間は現行と同じルートになった。一方、同年暮れに［関ケ原］～［深谷］～［長浜］間の旧線が廃線となっている。このように米原界隈の線形は数次にわたって変更を重ねて現在の姿となったのだ。

また、［大津］～［京都］間は先述のように［稲荷］を経由する南回りのルートとなっていたが、これは新逢坂山トンネルなどの完成によって１９２１（大正10）年に切り替えられることになる。

東海道線全通は日本の交通を塗りかえた

人々は馬車や蒸気船から鉄道へと乗りかえる

東海道線が全通する前の東京〜京都・大阪間の交通は、江戸時代から続く徒歩や籠による陸上交通と海上交通に寄っていた。

鉄道建設が始まった明治初期の状況で、東京〜大阪間は徒歩で約14日間とされた。また、海上交通は横浜〜神戸間などに蒸気船が導入されていたが、港までの移動を含めて3〜4日かかっていた。ちなみに横浜〜神戸間の運賃は、東海道線全通前の1883(明治16)年、郵便汽船三菱会社の下等で5円50銭となっている。

こうしたなか、東海道線が全通したことで様相が激変した。

当初、[新橋]〜[神戸]間の直通旅客列車は1日1往復しかなく、下り20時間5分、上り20時間10分で結んだ。このほか、[新橋]からは[名古屋]、[京都]行きなどの列車も設定されている。また、運賃はそれまで官設鉄道でも地域によってまちまちな設定となっていたが、東海道線全通の1889(同22)年7月1日から1マイルにつき下等1銭、中等2銭、上等3銭として距離比例制に統一、[新橋]〜[京都]間は3円29銭、同〜[大阪]間3円56銭、同〜[神戸]間3円76銭となった。また、全区間を通じて貨物列車の運転も行なわれており、従来の馬車や蒸気船に比べて格段に早い輸送が行なわれるようになった。

これに対して日本郵船会社（この間に郵便汽船三菱会社と共同運輸会社が合併して設立）は7月1日から横浜〜神戸間の下等運賃を2円50銭に値下げする措置をとって対抗したが、所要時間の差もあり、乗客の動向は鉄道へと移っていった。

軍事拠点の鉄道として大船〜横須賀間が開業

東海道線の全通に向けて工事が進められていた時代、のちに横須賀線となる［大船］〜［横須賀］間の鉄道建設も行なわれている。

横須賀は三浦半島の東京湾側に位置する地域で、入江が幾重にも続き古来より港として利用されてきた歴史がある。江戸時代末期の1865（慶応元）年には、横須賀製鉄所（のち海軍の横須賀造船所と改称）が設置され、日本近代工業の基礎の一つとしても成長していく。さらに1880（明治13）年には首都・東京防衛のため、観音崎など横須賀各地に旧日本陸軍の基地がつくられ、1884（同17）年には横須賀に旧日本海軍鎮守府も設置された。こうして横須賀は軍事拠点として発展を遂げていく。

一方、三浦半島は地形が急峻で、道路は馬車も通れない悪路となっていた。旧陸海軍はこれらの基地の維持発展のためにも鉄道の必要を強く説き、この鉄道建設が決まったのだ。

当初は資金不足ということで着工できなかったが、これは東海道線建設費から流用、資金不足となった際は別途措置を講ずるという、いささか乱暴な方法で始められた。

こうして［横浜］〜［国府津］間が開通した1887（同20）年に測量を開始。途中に新しく［大船］駅を設けて分岐させる線形が決まり、翌年1月に着工している。［大船］〜［横須賀］間には8カ所ものトンネルがあったが、工事は急ピッチで進められ、これは1889（同22）年6月16日に開通している。

複線化、横浜駅の「スルー化」……東海道線の改良進む

東海道線となる鉄道は、1872（明治5）年6月12日（旧暦5月7日）の［品川］〜［横浜］間の先行仮開業に始まり、1889（同22）年7月1日の［深谷］（［関ヶ原］〜［長浜］間の中間駅。現廃止）〜［馬場］（現・［膳所］）間開業で全線がつながった。

当初は大半の区間が単線で建設されていたが、［新橋］〜［横浜］間などは端から複線用地が用意され、開業翌年の1873（同6）年には［新橋］〜［品川］間で複線化がなされ、［新橋］〜［横浜］間についても1881（同14）年までに複線化が完了している。

［三ノ宮］〜［神戸］間は1874（同7）年の開業時から複線となっていた。ただし、このほかの区間で複線化が進められたのは、1889（同22）年の全線開通以降だった。

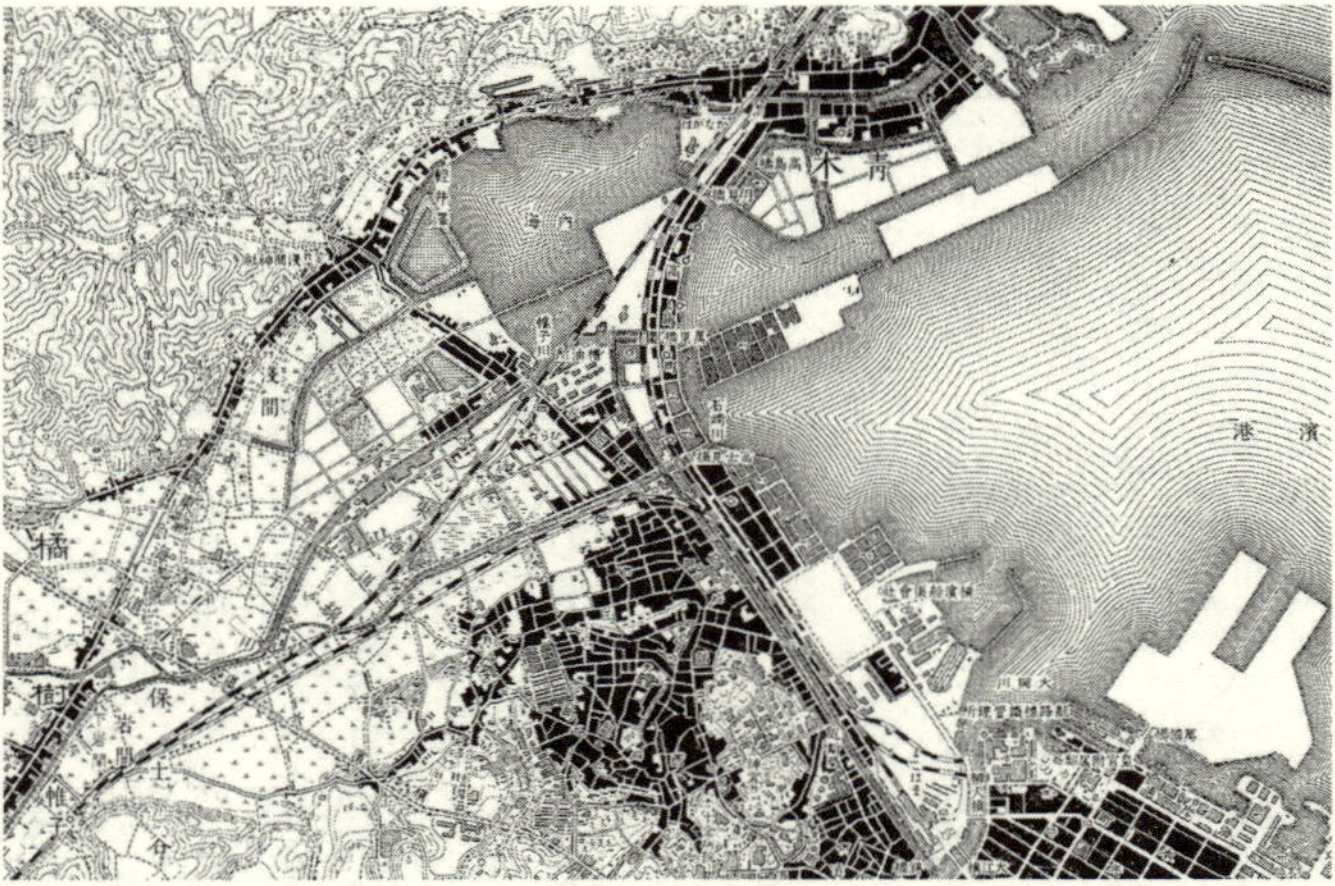

東海道線が「Y」字線形になっていた当時の［横浜］駅周辺の地図〈「今昔マップ on the web」より（首都1896−1909）〉

最初に着手されたのは、御殿場ルートの［小山］（現・［駿河小山］）〜［沼津］間だった。この区間には25‰の急勾配が連続しており、それによる遅延が発生していた。複線化すれば、上下列車の行き違いや待ち合わせによる遅延拡大が防げるという判断だった。これは開通から2年後の1891（明治24）年に完了している。

また、この時代は日本の産業近代化が急速に進み、経済活動が活発になっていた。「明治23年恐慌」もあったが、人々の動きや物流が増大し、鉄道輸送力の強化が課題となっていった。東海道線では1894（同27）年から、まず京阪神地域で複線化に着手している。さらに2年後には東海道線の大半が複線化、［新橋］〜［品川］間は4線化、合わせて停車場やその他の施設の改良も行なうことになり、同年からこれに着手している。

先述の米原界隈の線路付け替えもこの改良工事の一環として行なわれたものだ。この工事は十数年を要し、さらに１９１３（大正２）年に天竜川橋梁の複線化を終えたことで東海道線全線複線化を達成している。

また、「Y」字線形になっていた［横浜］駅では必ず機関車付け替えが必要で、運行上のネックになっていた。１８９４（明治27）年に日清戦争が勃発。急増した輸送に向けてバイパス線を設けて［横浜］を経由せずに直通できるように修正した。これは陸軍によって設置されたが、のちに鉄道局に譲渡され、一般列車も通行するようになる。

しかし、これでは［横浜］駅利用者が不便になることから１９０１（同34）年には途中に［平沼］駅（現・廃止）を設置、直通列車はここに停車させるようにした。ただし、［横浜］駅はその後もさまざまな情勢の変化を受けて変更が重ねられた。

明治期の列車運行

東海道線が全通したのち、需要も増え、徐々に運転本数が増やされていく。また、この時代、官設鉄道の列車運転業務はすべて外国人が総括して日本人は関与できなかったが、

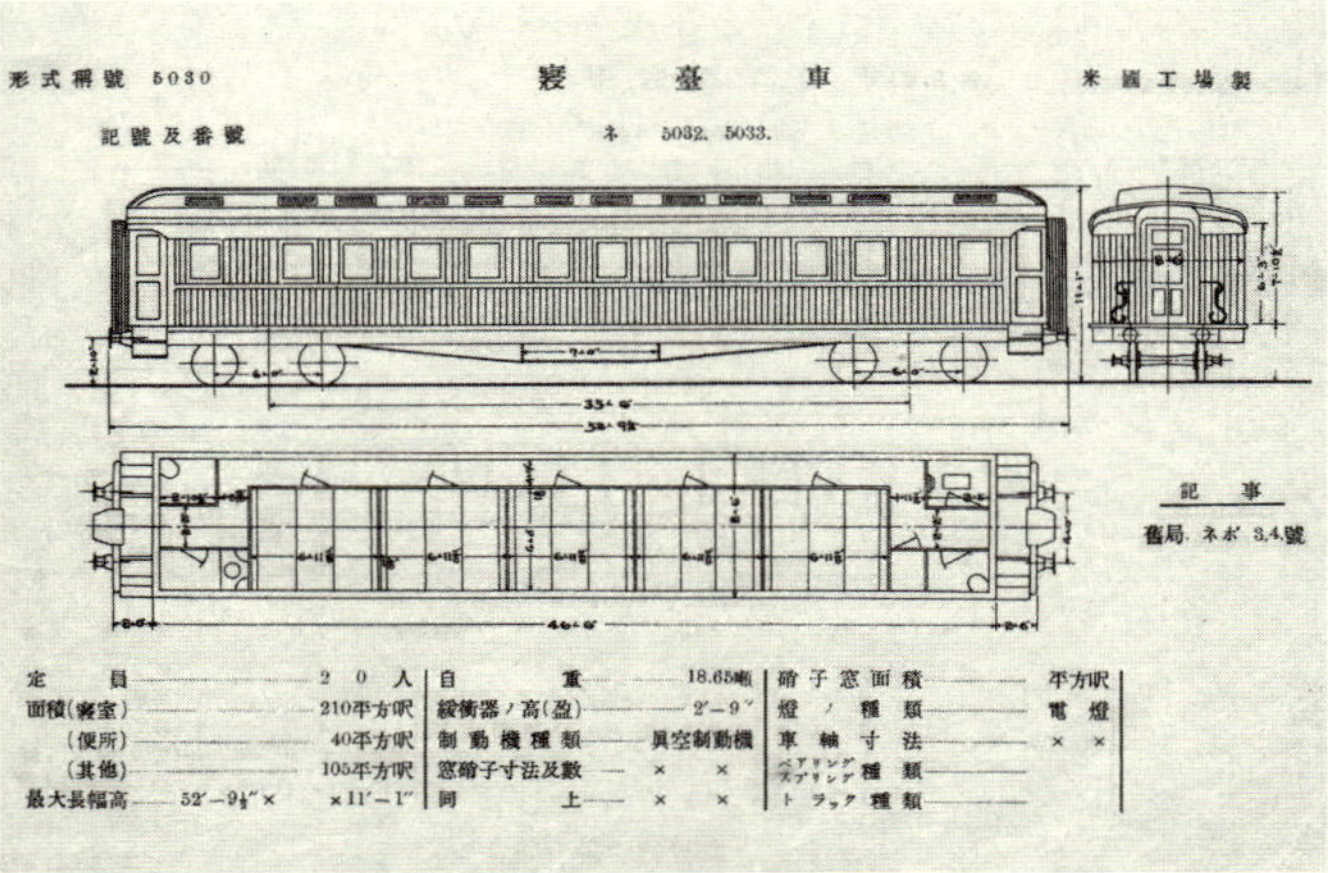

官設鉄道で最初の寝台車の図面。アメリカから輸入された車両

徐々に日本人も携われるようになり、ダイヤグラムを使った列車設定や運行管理も始まった。また、1895（明治28）年2月23日には全国の官設鉄道の線路名称や区間を正式に定め、「東海道線」は「新橋」〜「神戸」間のほか、「大船」〜「横須賀」間、「大府」〜「武豊」間、「米原」〜「敦賀」間を合わせた線名とした。

官設鉄道と私設鉄道の連絡運輸も計画され、1895（同28）年10月には東海道線から現在の山陽線となる私鉄の山陽鉄道に直通する「京都」〜「広島」間列車も運行されるようになった。これが初めての社線直通列車で、以後各地で広がっていく。

1896（同29）年には「新橋」〜「神戸」間に初めての急行列車が設定され、所要時間は下り17時間22分、上り17時間9分とされた。全通時の直通列車に比較して3時間余りの短縮となった。

列車によっては夜行となり、サービスアップのために寝台車の導入も始まる。

東海道線では1900（同33）年10月1日から［新橋］～［神戸］間の急行列車に寝台車が連結されるようになった。

この車両はアメリカおよびイギリスからの輸入車で、4人用の区分室が5部屋用意された構造だった。官設鉄道初の寝台車だったが、じつは山陽鉄道では同年4月8日からすでに導入していた。これは官設鉄道への直通列車だったので、京都までのごくわずかな区間ではあったが、東海道線も走っていることになる。

また、食堂車の導入は1901（同34）年12月15日から［新橋］～［神戸］間の急行列車に連結されるようになった。もっとも当初は勾配区間での負荷を避けるため、［新橋］～［国府津］間、［沼津］～［馬場］（現・［膳所］）間だけで連結しており、［京都］～［神戸］間となり、全区間での連結は1903（明治36）年からとなった。

なお、食堂車導入の皮切りも山陽鉄道で1899（同32）年から［京都］～［三田尻］（現・［防府］）間の列車に連結している。これも［京都］～［神戸］間では東海道線を走っていたことにはなる。

国有化により9割が官設鉄道となる

鉄道国有化とともに線路名も整備された

明治後期に勃発した日清・日露戦争は、鉄道の戦術的価値を再認識させることになった。その結果、鉄道施設や運輸の共通化や整備を進めることが課題となり、軍部を中心に鉄道国有論が高まっていった。そして、1906（明治39）年3月に可決し、3月31日付で「鉄道国有法」として公布された。この法案では17私鉄を10年間で買収するとされていたが、同年10月1日の北海道炭礦鉄道・甲武鉄道を皮切りに1年間で買収を完了させた。

この国有化により官設鉄道の規模は一気に膨れ上がった。営業路線距離は日本の鉄道の1／3程度だったものが9割近くになり、車両も機関車が769両から1887両、客車は1832両から4933両、貨車は1万821両から3万1671両となった。この管理に向けて体制を立て直し、1907（同40）年4月に逓信省鉄道作業局を逓信省帝国鉄道庁と改め、さらに翌年12月には逓信省から独立させて内閣直属の鉄道院としている。

鉄道院では、ただちに私鉄各社の路線名を制定するなど、全体を一貫して管理するための整理に入った。1909（同42）年10月12日には「国有鉄道線路名称」を定めているが、ここでは線路系統と各線名を明瞭に表現するため、新たな工夫が施された。例えば「東海道線」は線路系統の名称とされ、個々の路線は次のように定められている。

◎東海道本線（［新橋］〜［神戸］間、横浜界隈の貨物線含む）
◎横須賀線（［大船］〜［横須賀］間）
◎武豊線（［大府］〜［武豊］間）
◎大津線（［馬場］〜［大津］間）
◎京都線（［京都］〜［園部］間）
◎西成線（［大阪］〜［天保山］間）

ここでは「本線」という名称が初めて登場しているが、これは幹線とそれに付随する支線を明確にするためのものだった。また、1895（明治28）年時点で「東海道線」に組み込まれていた［米原］〜［敦賀］間は「北陸線の北陸本線」へと組み替えられている。一方、のちに「山陰線の山陰本線」となる［京都］〜［園部］間は「東海道線」に組み込まれていた。

また、鉄道院が発足したころから「官設鉄道」の呼称は使われなくなっていった。また同様に「私設鉄道」も徐々に「民営鉄道」あるいは「私鉄」と呼ばれるようになっていく。

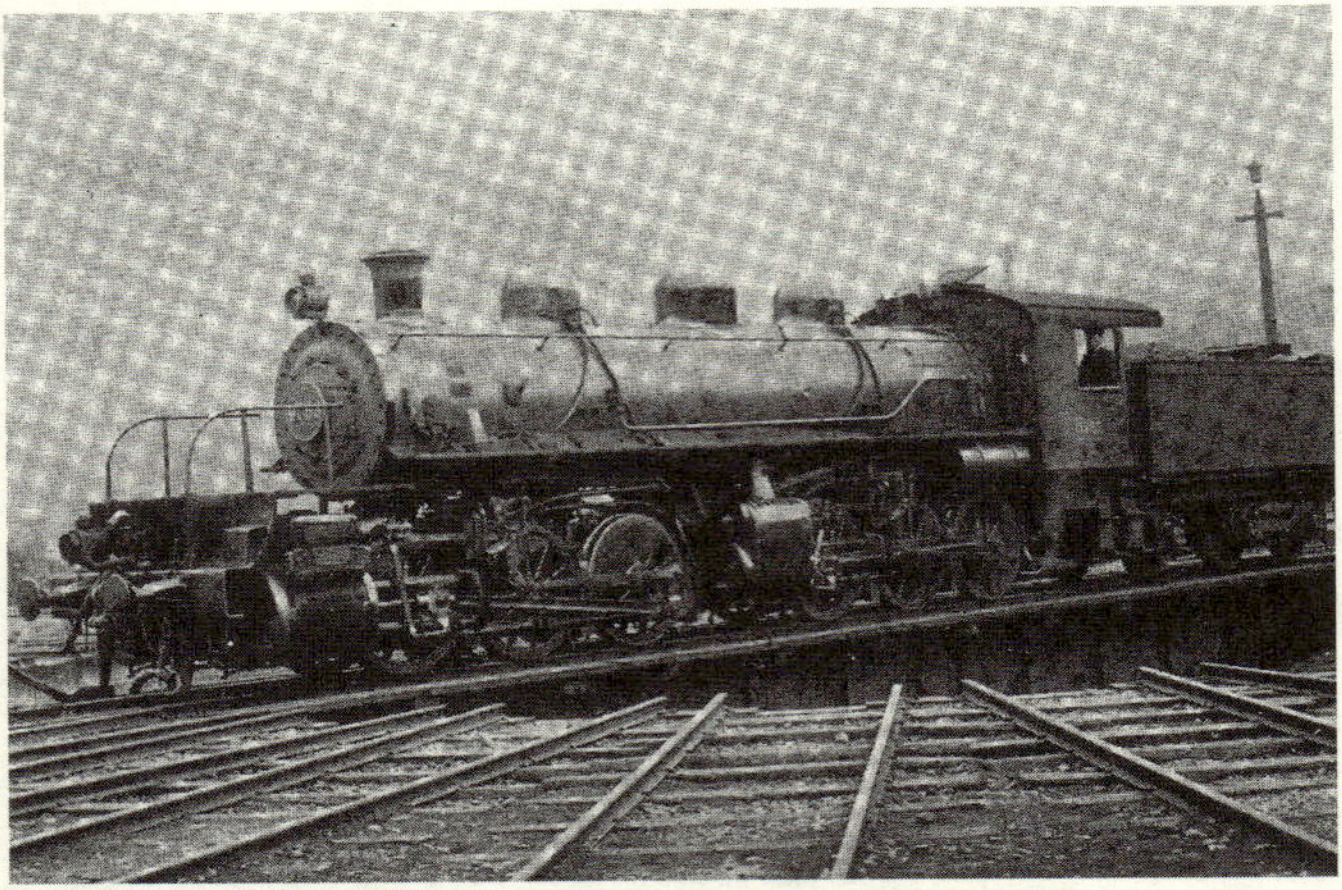

勾配区間を走る列車の後押しに使用された大型の複式蒸気機関車

特別急行列車の誕生

1907（明治40）年4月1日、現在の中華人民共和国東北地方で南満州鉄道が営業を開始した。東海道線本線とは海を隔てた遠方のことではあるが、これが一つの契機となって日本の鉄道の整備が進むことになる。下関から航路で朝鮮半島に渡り、南満州鉄道やシベリア鉄道経由でヨーロッパに向かう国際連絡運輸という大きな可能性が出てきたのだ。

日本ではこの国際連絡運輸に向けてさまざまな整備を進めていくが、その一つとして［新橋］～［下関］間を結ぶ新たな列車が運転されることになった。この列車は新たに「特別急行列車」という設定で1912（同45）年6月15日から運転を開始した。こんにち、

「特急」として親しまれている列車の初めての設定だった。

また、この時代、東海道本線の最大の難所となっていた御殿場ルートでは強力な補助機関車が新たに導入されている。これはマレー式と呼ばれるシリンダーを4つ備えた当時としては巨大な複式蒸気機関車だ。おもに勾配区間で貨物列車の後押しに使われたが、新たに設定された特別急行列車にも連結され、列車速度の向上に寄与したという。ちなみに特別急行列車による［新橋］～［大阪］間の所要時間は11時間55分で、1896（同29）年当時の急行列車17時間台に比べて格段に短縮されている。

以後、東京と大阪を結ぶ「特急――特別急行列車」の所要時間はしだいに短縮されてゆく。また、車内設備等も豪華になり、東海道本線を走る特急は日本を代表する列車として愛されてきた。その代表的なものが、特急「こだま」号に代表されるビジネス特急であり、［東京］～［大阪］間を当初最短6時間50分で結んだ。また、主として九州の各地へ寝台特急も走るようになった。

「ブルートレイン」と呼ばれる豪華寝台列車である。

しかし後述するが、新幹線の開業とともに、そうしたビジネス特急、寝台特急は姿を消してゆく。こんにち、［東京］と［大阪］を直通する定期列車は、新幹線を除くと［東京］～［出雲市］、［高松］駅間の特急「サンライズ出雲・瀬戸」のみとなっている。

近代化の進む東海道本線と横須賀線

中央停車場として「東京」駅が誕生する

東海道本線は、その前身となる「新橋」～「横浜」間開業時から終始「新橋」起点で運行されてきた。しかし、1889（明治22）年ごろには東京の都市計画が定まり、「新橋」駅と「上野」駅を結ぶ鉄道を敷設、その間に「中央停車場」を設ける構想がまとまっていた。残念ながら財政上の制約から事実上中断していたが、1906（同39）年の鉄道国有化により東京の都市交通整備という視点からも動きが具体化、1908（同41）年に着工となった。

「新橋」～「上野」間に新たに建設される鉄道は、遠距離旅客列車線（複線）、市内近郊循環線（複線）の4線からなり、この間はすべて高架により踏切を設けない構造とされた。

このうち、市内近郊循環線とは現在の山手線などとなる電車運転の路線だ。鉄道院による東京の電車運転は、甲武鉄道からの買収路線を元に電化延伸、1909（同42）年暮れには「烏森《からすもり》」（現・「新橋」）～「品川」～「新宿」～「上野」間の往復運転も始まった。

［烏森］駅は、行き止り式の構造になっていた当時の［新橋］駅の内陸側、［上野］に向かう新線に設置されている。線路は［烏森］から徐々に北進、1914（大正3）年12月18日には中央停車場まで完成した。この日、開業式典が挙行され、12月20日から営業運転を開始した（52ページ参照）。

なお、これに先立ち同年12月5日付で中央停車場を「東京駅」と正式に命名している。［東京］駅は日本のシンボルとするため、東京帝国大学工科大学の辰野金吾教授に設計を依頼した。辰野は［東京］駅以外にも日本銀行本店、大阪市中央公会堂、［万世橋］駅（現・廃止）、［浜寺公園］駅（南海電気鉄道）など明治～大正期に数多くの建物の設計し、当時の第一人者だった。

辰野が設計した［東京］駅丸の内駅舎は太平洋戦争の空襲で被災、長らく原形とは異なる姿で使用されてきたが、21世紀に入ってから復原工事が行なわれ、2012（平成24）年に往年の姿がよみがえった。全長300メートルを超える駅舎は赤レンガ造り、多くの部分は3階建てで、南北のドーム屋根が荘厳な雰囲気を演出している。

この［東京］駅の開業によって東海道本線の起点を［新橋］駅から［東京］駅に移し、従来の［新橋］駅は［汐留］と改称して貨物専用駅とした。［東京］駅は旅客専用駅とされ、東海道本線の貨物列車はすべてこの［汐留］駅に発着する形になった。これは幹線ターミナル駅の旅客と貨物を分離する一つのモデルにもなっている。

京浜東北線のルーツ、京浜線の電車運転が始まる

［東京］駅開業の1914（大正3）年12月20日には、当駅に発着する市内近郊循環線の電車運転も始まった。これは山手線側からの延伸もあったが、合わせて京浜線電化も行なわれ、同日から［東京］～［高島町］間の電車運転も行なわれるようになったのだ。現在の京浜東北線のルーツと言える電車である。ただ、戸籍としては京浜東北線の［東京］以西や山手線の［東京］～［品川］間は東海道本線である。

終点となる［高島町］駅は、現在の根岸線［横浜］～［桜木町］間にあった。先述したようにこの時代の［横浜］駅は現在の［桜木町］駅で、東海道本線での直通運行に不便な「Y」字線形だった。そのため、バイパス線の途中に［平沼］駅を設け、横浜市内への便をはかっていたのである。

しかし、使い勝手も悪いことから、［横浜］駅を「Y」字線の分岐部に移転して直通運転と乗降の利便性をはかろうと計画した。［高島町］駅はその計画に先駆け、京浜線電車の終着仮駅として設けられたのである。

1915（同4）年8月15日には［横浜］駅の移転を含む線路改修が完成、［高島町］駅の付近に二代目［横浜］駅が開業、高島町の駅名はこれに改称する形で消滅した。また、［平沼］駅は廃止され、初代［横浜］駅は［桜木町］と改称されている。

この二代目［横浜］駅は鉄骨レンガ造りの立派なものだったが、1923（同12）年の関東大震災で焼失、竣工から10年もたたないうちに消えてしまった。駅舎の再建をする際、都市計画に合わせて再度、［横浜］駅を移転することになり、やや内陸側に移った。これが現在の［横浜］駅で、三代目となる。

東海道本線の電化が進む

こうして京浜線の電車運転は始まったが、東海道本線の遠距離旅客列車線は非電化で、この列車は［東京］駅からは蒸気機関車に牽かれる形で発着していた。すでに蒸気機関車の性能的な限界が明らかとなり、また国内で生産される燃料となる石炭の埋蔵量も限りがあった。そのため、蒸気機関車に代わる電気や内燃機関の研究が求められてはいたが、いずれも充分な性能を発揮する技術段階には至っていなかった。小容量の電動機を使った電車運転がようやく緒に就いたばかりだったのである。

1925（大正14）年、東海道本線用にアメリカから輸入したED10形電気機関車

とはいえ欧米諸国で電気鉄道技術が急速に進歩していくなか、日本も電化の推進をはかることになった。1919（大正8）年には鉄道院に電化調査委員会が設置され、当面の電化計画路線が選定された。初回は東海道本線［東京］～［国府津］間、横須賀線［大船］～［横須賀］間、そして中央本線［八王子］～［甲府］間とされた。使用する電気機関車は大半がアメリカ、スイス、イギリスからの輸入。国内でも開発されることになったが、輸入機・国産機とも試験的な要素が多かった。

電化工事は鉄道院から鉄道省へと組織変更されたのちの1922（同11）年に始められたが、翌年9月1日に関東大震災が発生。一時は工事中断のやむなきに陥ったが、1925（同14）年12月13日には東海道本線［東京］

〜［国府津］間、横須賀線［大船］〜［横須賀］間を電化開業、同日から電気機関車による運転が始まった。

この試験的な運転を経て、電気機関車の取扱いに慣れ、また国産化も進められた。国産初の電気機関車は信越本線碓氷峠向けとなったが、東海道本線では1925（同14）年に誕生した1070形（のちED15形）が初めて。鉄道省では国内メーカーと協力して国産標準機関車を開発、これが1928（昭和3）年にEF52形として完成した。EF52形はのべ9両量産されたのち、そこで得た経験により1931（同6）年からEF53形やED16形など安定した性能を発揮する電気機関車が開発されていった。

超特急「燕」は新幹線「のぞみ」並みの停車駅

第一次世界大戦終戦後の反動不況、1923（大正12）年の関東大震災、1927（昭和2）年の金融恐慌と、大正末期から昭和初期にかけて日本経済は深刻な状態にあった。

これは国有化によって幹線網を充実させた国鉄にとっても深刻な状態となった。そこで鉄道省はこの時代に旅客・貨物の双方でサービスアップをはかり、積極的な顧客誘致を行なっていく。

例えば、旅客輸送の再編と輸送力増強が行なわれた。この時代、一等や二等といった優等車は全国各地の列車に連結されていたが、地方線区での利用率が低い一方、東海道本線などの幹線では不足気味だった。そこで利用率の低い地方線区の優等車を削減あるいは廃止して、東海道本線などの優等車を強化した。

また、客車の大型化や居住性の改善も試みられた。東海道本線では明治時代に小さな木造客車から大型客車となっていたが、まだ木造だった。また、鉄道国有化などで増えた地方線区では小さな客車も多く残っていた。そこで大正末期から鋼製客車の開発が進められ、より大型で居住性のよいものに切り替えられていく。

輸送力増強は、増発はもとより、機関車性能の向上による高速化、あるいは長編成化でも対応していった。ただし、機関車の大型化や高速化には軌道の強化が必要で、さらに長編成化では駅施設の改良も求められる。東海道本線などではこうした地道な作業も並行して進めながら輸送力増強をはかっていった。

東海道本線の場合、速達列車の需要も多く、明治末の誕生以来1往復運転となっていた特別急行列車が1923（大正12）年から2往復へと増発。さらに急行列車も数多く増発されている。

こうした特別急行列車や急行列車には優等車や寝台車も連結されており、その予約扱い

超特急「燕」を牽引するC51形蒸気機関車。機関車と客車の間に「水槽車」が連結されている。途中駅での給水回数を減らし、スピードアップをはかるためだった

も問題になってきた。当時、一般乗客は駅発車時刻で指定するスタイルだったが、列車ごとに愛称を付けて利便性をはかるとともにPRも強化するというアイデアが生まれた。1929（昭和4）年には鉄道省から列車名募集の告知が出され、一般から列車名の候補が募られた。その結果、「富士」「燕」「櫻」「旭」「隼」などといった名称が集まり、同年9月15日から「富士」、「櫻（この時代は旧字を使用）」の特別急行列車は、「東京」～「下関」間の特別急行列車として運転されるようになった。

さらに1930（同5）年10月1日からは「東京」～「神戸」間に新たな特別急行列車を1往復増発している。

この列車は「燕」と命名されたが、いちばんの特長は「富士」「櫻」をはるかに上回る

速達性にあった。運転時刻は下り列車の場合、［東京］を午前9時ちょうどに出発、途中、［横浜］［国府津］［名古屋］［大垣］［京都］［大阪］［三ノ宮］に停車して終着の［神戸］は午後6時ちょうどに到着した。［東京］～［大阪］間で見れば所要時間は8時間20分。なお、［国府津］に停車するのは、電気機関車から蒸気機関車に交換するためであった。従来の「富士」「櫻」に比べて約2時間半もの短縮となったのである。鉄道省では「燕」も「特別急行列車」としたが、マスコミなどでは「超特急」としてこの列車を讃えた。「燕」は運行開始から間もなく人気列車となり、翌年12月からは続行の形で臨時「燕」も運転されるようになっている。

横須賀線の電車運転開始

先述のように東海道本線の一部や横須賀線では大正末期に電化がなされ、電気運転が始まっていたが、いまのように電車ではなく、当初はすべて電気機関車による牽引方式だった。一方、都心部では山手線の環状運転が始まり、電車運転の区間が増えていった。一つは関東大震災後、郊外の人口が急増したため、この通勤輸送に充てる必要もあったのである。京浜線は順次北へと延伸、［大宮］まで走る京浜東北線となった。また、中央線も西方に電化区間を延伸、［浅川］（現・［高尾］）まで達している。

こうしたなか、先述の特急「燕」が登場する直前、1930（昭和5）年3月から横須賀線の［東京］～［横須賀］間でも電車運転が始まった。山手線などに比べて運転区間や駅間も長く、それを考慮した客室設備も必要だった。

当初は山手線などからの転属電車も使用されたが、同年から出入り口を3つから2つに減らし、座席をロングシートではなくクロスシートとした長距離向けの高速運転に対応した電車（モハ32形）が開発導入された。

「世界一の難工事」の末、丹那トンネルが完成

東海道本線［国府津］～［沼津］間の御殿場ルートは、先述の特急「燕」でも列車運行上のネックとなっていたが、この連続急勾配は高速列車に限らず、貨物列車などにも切実な問題となっていた。大型補助機関車を導入することで対応していたが、すでに明治末期から線路改良の検討が進められていた。

1909（明治42）年に調査が始まり、1912（同45）年5月には「箱根別線」の計画がまとめられた。これは現在の熱海を経由して沼津に至るものだったが、そこでは全長

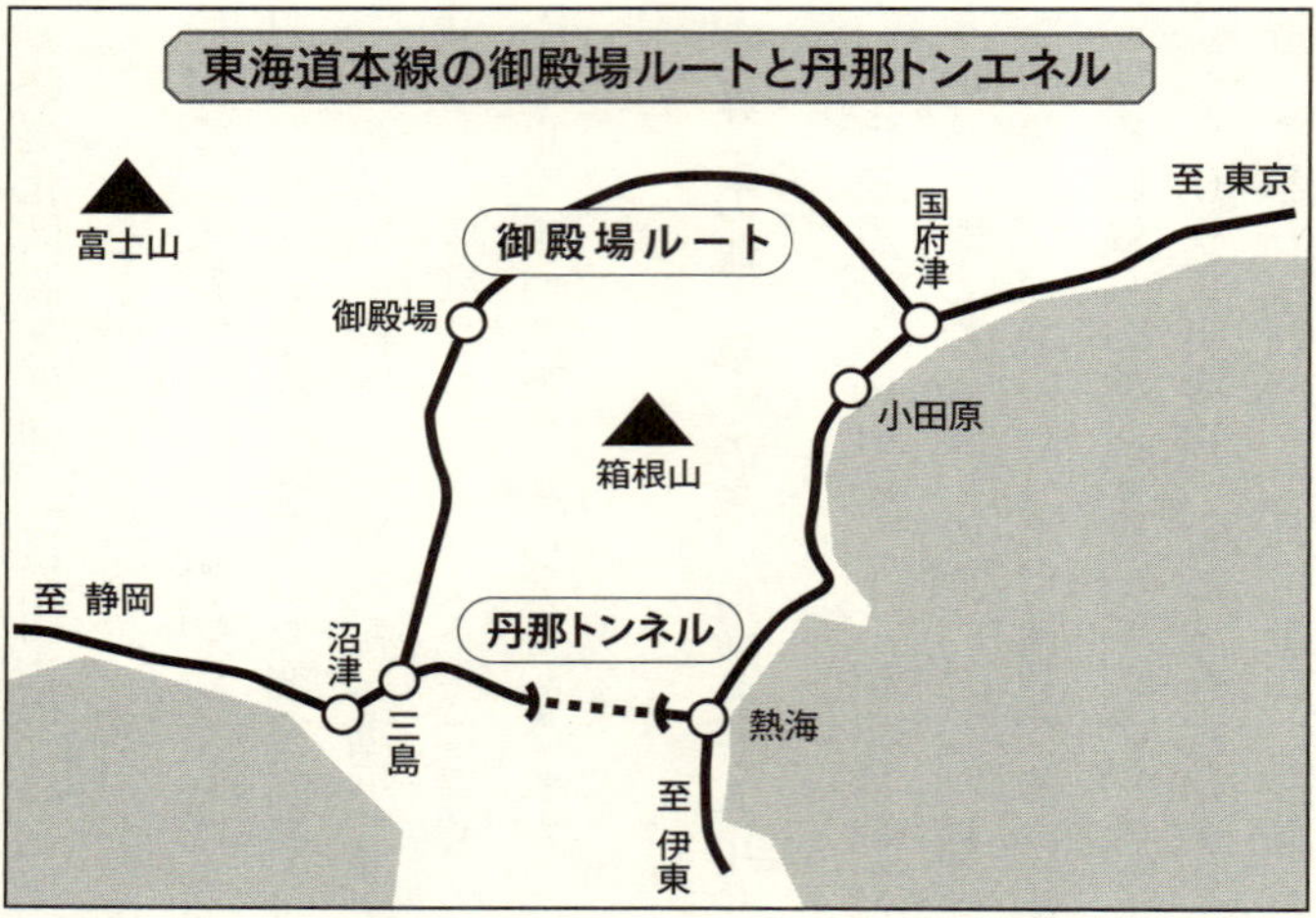

7804メートルの丹那トンネルを掘削しなければならなかった。

大正期にトンネル掘削技術が進歩、関西では新逢坂山トンネル（全長2325・5メートル）なども開通しているが、これは単線トンネルの並列構造だった。丹那トンネルでは複線トンネルで計画され、その長さとともにさらなる挑戦となったのである。

また、当時の東海道本線は御殿場ルートとなり、丹那トンネルに接続する鉄道省の鉄道はなかった。そのため、この接続鉄道建設も必要だった。

こうして、1916（大正5）年に「国府津」から「熱海」に向かう路線の建設が始まった。これは1920（同9）年に「熱海線」として「国府津」～「小田原」間で開業、徐々に延伸して1925（同14）年には［熱海］まで全通している。当初は単線・非電化だったが、全通後、複線化と電化が徐々に進められている。

熱海線建設と並行して丹那トンネルの工事も進められ、本体の掘削工事は1918（同7）年3月22日に東口から始まり、同年7月5日には西口も着工された。

しかし、前代未聞の大規模トンネルで地盤が弱かったこともあり、崩落や出水事故を何度も重ね、多くの犠牲者も出すことになった。

マスコミは「世界一の難工事」と報道。工事中止やルート変更の声まであがったが、1933（昭和8）年6月19日に貫通、翌年10月から試運転を行ない、12月1日に開通、同時に［熱海］～［沼津］間も開業された。

これを機に熱海線は東海道本線に編入され、東海道本線は現行の［熱海］経由となった。また、［国府津］～［御殿場］～［沼津］間は御殿場線と改称されている。

なお、丹那トンネルは開通時から電化されていて、電気運転は［東京］～［沼津］間となった。

ちなみに、「燕」などの特別急行列車も丹那トンネル経由となり、［東京］～［大阪］間の所要時間は8時間と20分短縮されたほか、「富士」「櫻」などは1時間以上短縮されている。

東海道本線の「弾丸列車」計画と戦時輸送

現在の新幹線のルーツともいえる画期的な計画

こうして東海道本線の大改良が完了したが、すでに当時、東海道・山陽本線では近い将来、輸送力が行き詰まることが予想されていた。そこで1938（昭和13）年には鉄道省企画委員会に「鉄道幹線調査分科会」が設置された。そこでは運輸量の予想、輸送計画、新線建設計画が検討され、それに合わせた地質調査も進められた。

当初は、狭軌（従来通りの軌間1067ミリ、JRと同じ線路幅）または広軌（のちに軌間1435ミリに決定、新幹線と同じ線路幅）による別線建設が検討された。広軌の場合、［東京］～［大阪］間は4時間50分となるが、工事費は4億7502万6000円で、工期は6カ年かかるとされた。一方、狭軌の工事費は2億5703万円で、工期は4カ年というものだった。

翌1939（同14）年には鉄道大臣の諮問機関として「鉄道幹線調査会」も設置され、同年11月6日には「東京～下関間の線路増設が必要」と答申、さらに「増設線路は現在線に並行しなくてもいい」「長距離高速列車を集中運転」「貨物列車も高速運転」「軌間は1435ミリ」としている。

年が明けた1940（同15）年1月16日の鉄道会議では「東京〜下関間の新幹線増設」が認められ、鉄道改良費として5億5000万円の予算も認められた。

これはのちにマスコミなどによって「弾丸列車」とも呼ばれるものだが、この検討のなかで「新幹線」という言葉も正式に使われるようになった。現在の新幹線のルーツがここにあるのだ。

［東京］〜［下関］間の路線ルートは、［東京］［横浜］［小田原］［熱海］［沼津］［静岡］［浜松］［豊橋］［名古屋］［京都］［大阪］［神戸］［姫路］［岡山］［福山］［広島］［徳山］［小郡］［下関］に駅を設けると定めたことにより、およその見当がつく。現在の東海道・山陽新幹線に近似しており、「ひかり」の停車駅といった感じだ。また、新鶴見・浜松・稲沢（愛知県）・吹田・岡山・広島・幡生《はたぶ》（山口県）にあった貨物操車場との連絡もはかるとしている。

また、当初は［東京］〜［大阪］間を電気運転、［大阪］〜［下関］間は蒸気運転と想定、導入車両のスケッチも行なわれている。すべて機関車牽引列車とされているため、今の電車による新幹線とは異なるが、その検討過程で［東京］〜［大阪］間は4時間、特別な列車では3時間30分程度とする要望も出され、最高速度は時速200キロに達することが目標とされた。

計画全体としては未定の部分もあったが、工事に時間のかかるトンネルから進めることになり、新丹那トンネル、日本坂トンネル（静岡県）は1941（昭和16）年、新東山トンネル（京都府）は翌年の工事認可を得て着工となった。

しかし、同年12月8日の真珠湾攻撃によって、日本は第二次世界大戦に突入する。戦局の激化により資材や工事従事者が欠乏、新丹那トンネルは1943（同18）年1月に中止となった。

日本坂トンネルは東海道本線［用宗《もちむね》］〜［焼津］間の改良に使えるとして工事を続行、1944（同19）年10月に完成して、東海道本線の列車が通るようになった。これは戦後の東海道新幹線建設時に在来線用トンネルを掘削、晴れて新幹線のトンネルに戻された。また、新東山トンネルも東海道本線［膳所］〜［京都］間の改良に役立つとして工事を継続、これも1944（同19）年8月に完成している。

じつは工事認可は1942（同17）年度まで徐々に出され続け、承認区間は821・1キロに達していたが、鉄道省の1944（同19）年度の方針として全面的に工事の延期が決まった。この時の決議に「新幹線ノ使命ノ重要性ト長期計画タルニ鑑ミ計画ノ一貫性ヲ保持シ後年度情勢ノ変化ニ伴ウ工事ノ促進ニ備フルタメ」という一文も見られ、未来を見据えてやむなく断念する様子がうかがえる。

戦時下、特急は廃止されるが、横須賀線は延伸となる！

弾丸列車は戦争の激化によって中断となったが、日本はそれ以前の1937（昭和12）年に始まった日中戦争のころから戦時色を強め、それに向けた対応が施されるようになっていた。

1942（同17）年には本州と九州を結ぶ関門トンネルが開通、特急「富士」は「下関」から「長崎」まで延長運転されるようになったが、「櫻」は急行に格下げされてしまった。最後に残された唯一の特急（当時の呼称は第一種急行）だった「富士」も「東京」～「博多」間運転とされた。旅客列車削減で生み出された間合いは、貨物列車や軍用列車の増発にあてられた。

なお、横須賀線だけは、「久里浜」まで延伸開業している。この時期の新規開業は、軍事路線だったこの路線の性格をよく表わしている。

その後も旅客列車の廃止や短縮、そしてスピードダウンが続くが、1945（同20）年には東海道本線そのものが空襲で被災する例もしばしば起こった。こうして同年8月15日、日本は連合国に無条件降伏する形で終戦となった。

敗戦後の復興には目を見張るものがあった

輸送の重点が貨物から旅客に移る

戦争終結により貨物輸送量は激減したが、復員輸送・疎開の復帰・食糧買い出しなどで旅客輸送の需要が急増する。ただし、ダイヤは戦時中の貨物主体のまま。車両や施設なども疲弊していた。

東海道本線の場合、敗戦時に運転されていた急行列車は［東京］～［下関］間1往復だけだったが、これが国内唯一の急行列車という状況だった。戦後ただちに旅客輸送の復帰に取り組み、3カ月後の11月20日には東京から東海道本線経由で大阪・九州方面に向かう急行列車を不定期もあわせて8往復、その他の各方面にも急行列車を復活させた。

このダイヤ改正で旅客列車は3割近く増発されたことになったが、その1カ月後には燃

日本最大の旅客用蒸気機関車C62形（Kone CC BY-SA 3.0）

料となる石炭の不足で旅客57％、貨物13％を削減せざるを得ない事態も起こった。

石炭事情によって復活と運休が繰り返される状態が続き、抜本的な改善策として電化による動力近代化へと進んでいくことになる。

旅客列車用のC62、EF58、EF15の誕生

こうして戦後復興は始まったが、戦時中は貨物輸送に重点が置かれていたため、旅客用の機関車が不足していた。１９４６（昭和21）年から旅客用蒸気機関車の新製が行なわれているが、必要両数を揃えることはなかなか難しかった。一つは資材不足の問題があったが、さらに管理上の問題もあった。戦後の日本は連合国軍の軍政下に置かれ、鉄道の運営もそ

貨物用に開発された電気機関車EF15形（spaceaero2 CC BY-SA 3.0）

の管理下に置かれていたのだ。予算策定もそこで管理され、おいそれと機関車の新製はできないという状況でもあったのだ。

一方、戦時中の貨物輸送強化で貨物用のD52形、D51形が量産され、その余剰も出ていた。そこでこれらを旅客用に改造するアイデアが生まれる。実際に転用できるのはボイラーなどで、走行部は新製となるが、名義上「新製」ではなく「改造」であれば予算が通りやすいということもあったようだ。

かくしてD52形からC62形、D51形からC61形がつくられた。C62形は日本最大の旅客用蒸気機関車で高速運転などの性能も優れたもので、1948（同23）年から翌年にかけて49両製造されている。ちなみに現在、名古屋市の「リニア・鉄道館」に展示保存されているＣ６２１７号機は１９５４（同29）年に東海道本線木曽川付近で行なわれた高速試験走行で時速１２９キロを出した。これは狭軌鉄道における蒸気機関車の世界最高速度となっている。なお、東海道本線などの通常運行時の最高速度は時速１００キロとなっている。一方、大型機ゆえ走行できる区間は限定され、主に東海道・山陽本線で活躍することになった。

また、前項で記したような状況から、電化の延伸計画も立てられた。今度は電気機関車が不足することになる。そこで旅客用のＥＦ58形と貨物用のＥＦ15形が開発された。両形式はできるだけ共通設計を取り入れ、当初は機械加工の工程を減らして製作しやすいものとされた。ＥＦ58形は１９４６（昭和21）年から１７２両、ＥＦ15形は翌年から２０２両製造されている。ＥＦ58形、ＥＦ15形とも電化の延伸により本州各地で活躍するようになったが、やはり最初は東海道本線に縁の深い機関車だったのである。

横須賀線に導入された70形電車

戦後、先述のような石炭事情の問題があり、１９４６（昭和21）年には5年間で東海道本線をはじめとする全国主要幹線２５０５キロ、さらに次の5年間で４２２１キロ、合わ

横須賀線に導入された70形電車（中央本線で活躍中の姿）

せて6726キロを電化する計画が立てられた。
しかしこれも占領下などの足かせがあり、電化が許可されたのは東海道本線［沼津］～［浜松］間、上越線、奥羽本線［福島］～［米沢］間、常磐［松戸］～［取手］間だけだった。東海道本線の場合、1948（昭和23）年5月に着工、翌年2月1日に［沼津］～［静岡］間、同年5月20日に［静岡］～［浜松］間が完成している。ただし、［浜松］以西の電化はこの時点でも見合わせとなっていた。
この浜松電化から10日後の1949（同24）年6月1日、公共事業体として日本国有鉄道（国鉄）が発足した。ちなみに国鉄は1920（大正9）年から鉄道省の管轄となっていたが、戦時中の1943（昭和18）年11月1

日に運輸通信省、1945（同20）年5月19日に運輸省と組織変更され、ここで公社化されたことになる。また、［沼津］～［浜松］間の電化に着工したころ、東海道本線で長距離電車運転の構想も立ち上がった。

この時代、長距離列車はすべて客車で運行されていた。客車列車の場合、機関車を交換すれば電化・非電化の区間を問わずに直通運転でき、また需要に合わせてさまざまな車種を組み合わせることもできた。

一方、電車にすれば加速性能が増し、また折り返しの際も機関車の付け替えが不要なので、時間短縮ができる。東海道本線電車運転の構想は戦前からあったが、急増する需要のなか、思い切った施策が求められたのだ。

そして80系電車として開発され、1950（同25）年に誕生し、3月1日からまず［東京］～［沼津］間で運転されるようになった（28ページ参照）。また、80系に追って3扉セミクロスシートの70系も開発された。こちらは横須賀線に導入されている。横須賀線のラインカラーは、それ以前からあったブルーとクリームのツートンカラーとなった。

1951（同26）年のサンフランシスコ日米講和条約調印後、連合国軍の運輸局（CTS）による干渉が減り、東海道本線では延期されていた電化の延伸が開始された。1953（同28）年7月21日には［浜松］～［名古屋］間の電化が完成する。この時点で貨物列車は蒸気機関車牽引を続けていたが、同年11月11日の［名古屋］～［稲沢］間電化で貨物列車は［稲沢］まで電気機関車牽引となった。

その後も東海道本線の電化が進められ、1955（昭和30）年7月20日には［稲沢］～［米原］間の電化も完成する。ここには10‰勾配の連続する関ケ原越えもあったが、貨物列車の場合、この勾配区間でEF15形では旅客列車との速度差が開いてしまう。そこで動輪8軸、2車体連結構造の新たな大型貨物用電機機関車EH10形が開発され、以後、東海道本線などの貨物用主力機として活躍していく。

東海道本線の全線電化が完成する

1956（昭和31）年11月19日に［米原］～［京都］間の電化が完成し、東海道本線は全線電化となった。これにともない東海道本線を中心に大規模なダイヤ改正が実施された。

東海道本線では全線電化によるスピードアップが大きな特長となった。［東京］～［大阪］間を結ぶ特急「つばめ」「はと」の所要時間は7時間30分と30分間も短縮された。

また、［東京］～［博多］間に夜行特急「あさかぜ」が新設されている。この列車には1955（昭和30）年から製造が始まっていた10系軽量客車が使用されている。「つばめ」

「はと」に使われていた従来客車より軽いことでスピードアップに余裕を持たせることができた。

これはまだ非電化だった山陽本線でも効果を発揮、［東京］～［博多］間を17時間25分で結び、当時の急行最短22時間9分から大幅に時間短縮されている。

輸送力増強もはかられ、［東京］～［大阪］間ほか九州方面などにも連絡する急行が数多く新設されている。さらに80系による電車運転も拡大された。

こんにちにつながる電車特急とブルートレイン

時代の最先端をゆくサービスと「動くホテル」

東海道本線で80系電車の活躍範囲が広がっていくなか、国鉄では電車の技術的な改革研究を進め、1957（昭和32）年に高性能（国鉄用語で新性能とも呼ばれる）新型電車モハ90形（のち101系）が誕生する。

これは通勤形だったが、翌年にはその技術を活かした特急形電車20系（のち151系、

時速163キロの、当時では狭軌世界最高速を樹立した151系電車

さらに181系）も開発された。動力システムは基本的に101系を踏襲しているが、高速運転する特急用として、車体は走行抵抗や重心の低下、さらには防振や防音をはかった構造とされた。これにより窓は固定式二重ガラスとなり、空調も整えられた。

冷房については百貨店などでも扇風機が主流となっていた時代で、まさに時代のトップをいくサービスレベルとなっている。このほか、車内電話やライティングルームなども設置されている。

なお、通常の最高速度は時速110キロ（のち時速120キロにアップ）だったが、1959（昭和34）年7月31日の高速試験では時速163キロと当時の狭軌鉄道世界最高記録を樹立している。

国鉄急行形電車の標準となった153系電車（Shizutetsukikanshi_CC BY-SA 3.0）

１９５８（同33）年11月1日から［東京］～［大阪］・［神戸］間の電車特急「こだま」として運転を開始。［東京］～［大阪］間の所要時間は6時間50分とした。当初、８両編成2往復という運転だったが、翌年から12両編成に増強。さらに１９６０（同35）年6月1日からは客車で運行されていた特急「つばめ」「はと」を電車化する形で4往復体制としている。このとき、「はと」の愛称は使われなくなり、これは「第1つばめ」「第２つばめ」となった。また、東海道本線の軌道改良も進んだことから、このときから［東京］～［大阪］間の所要時間は6時間30分に短縮されている。

一方、この１５１系と並行して80系の高性能版といった形で１５３系も開発された。当

「動くホテル」の異名を持つ「あさかぜ」の20系客車（Rsa CC BY-SA 3.0）

初は準急形とされたが、のちに急行形となっている。こちらは１９５８（昭和33）年11月1日から「東海」「比叡」に導入されたが、車両の完成が遅れたことから、初日は「東海」１往復だけ。その後、徐々に80系から１５３系へと置き換えが進められ、「東海」「比叡」の全列車が１５３系化されたのは翌年6月のことだった。

かたや、10月1日のダイヤ改正当日からデビューした車両もある。ブルートレインの元祖として知られる20系客車だ。それまで10系客車で運転されていた「東京」～「博多」間の「あさかぜ」が、この20系客車へと置き換えられたのである。

20系は固定編成運行方式として開発された客車で、車内の照明・冷暖房・食堂調理などの電源は専用電源車を連結してまかなわれた。客車は電化・非電化区間を問わず機関車を交換することで直通運転できるが、電源供給はネックになった。これを電源車で解決するアイディアだった。また、車体なども151系同様、防振・防音などを抑えた構造とされ、窓も基本的に固定二重ガラスとなった。寝台はカーテンで仕切るだけの開放式3段が基本だったが、国鉄初の1人用個室も設置されている。また、当初は寝台だけでなく座席車も用意されたが、これはのちにすべて寝台車に改造された。

20系「あさかぜ」は居住の面で優れ、マスコミには「動くホテル」などと高く評価された。また、車体は青い色で装い、その色調からやがて「ブルートレイン」とも呼ばれるようになった。これはアマチュアによるネーミングだったが、のちに国鉄自らもブルートレインと称するようになっている。こうして好調なスタートを切った20系は増備が続き、翌年以降「さくら」「はやぶさ」「富士」などが次々と増発されていくことになった。

「36・10」ダイヤ改正で特急のネットワーク

このように東海道本線では、電化・軌道などの施設強化・新型車両導入などによる輸送力増強に努めていたが、列車の運行本数は片道1日200本を超える区間も出てきてしまった。複線鉄道としてこれは限界点に近い列車密度だ。それにもかかわらず、昭和40年代には輸送力が行き詰ることが明らかで抜本的な線増対策が必要と判断された。

その結果、1959（昭和34）年4月13日に［東京］～［大阪］間線路増強工事として東海道新幹線建設に向けた工事認可が下りた。同年4月20日には一部着手していた新丹那トンネルの東口で起工式が挙行されている。

一方、東海道新幹線の完成には長期の工事期間が見込まれ、それまでは在来線の輸送設備を最大限に活用した輸送力増強が必須となっていたのだ。

国鉄では1956（同31）年11月19日の東海道本線全線電化を機に全国規模のダイヤ改正を実施していたが、東海道新幹線開業に移行する最終形として1961（同36）年10月1日に白紙ダイヤ改正を行なった。これは全国的な大時刻改正で、列車本数752本、列車キロにして11万5000キロという国鉄有史以来最大の増発となった。

この「36・10」改正は、国鉄の特急が北海道から九州までネットワークを確立したことでも知られているが、東海道本線でもさまざまな動きがあった。電車特急は［東京］～［大阪］間「はと」1往復、［東京］～［神戸］・［宇野］間「富士」2往復、［東京］～［名古屋］間「おおとり」1往復などが増発されて昼行往復（うち2往復は不定期）。また、寝台特急も「みずほ」1往復が新設（当初は不定期）されて4往復となった。

また、前項で紹介した153系による急行も大増発され、「東京」～「大阪」間では「せっつ」「なにわ」「よど」「六甲」「いこま」「やましろ」などとして昼行6往復、夜行5往復（うち2往復は不定期）が運転されるようになった。また、昼行・夜行で客車急行も多数運転され、「東京」駅のピーク時でおよそ10分おきに特急や急行が発車していく状態となった。

近郊形電車111・113系が誕生する

東海道本線湘南エリアは戦前から首都圏のベッドタウンでもあった。ここでは80系また は153系が使用されていたが、いずれも長距離列車向けに出入り口は車端部の2カ所、室内はクロスシート中心の構造で、ラッシュ時には使いにくい構造だった。

そこで混雑緩和を図るため、1962（昭和37）年に3扉セミクロシートとした111系が開発された。この車内構造は横須賀線などで活躍していた70系に準じたもので、その高性能化電車ともいえる。東海道本線向けにはオレンジとグリーン、横須賀線向けにはブルーとクリームのツートンカラーで装い、同年から運用に入っている。また、この111系の増備により70系は中央本線などに転属している。

さらに翌年には標準型となる主電動機（MT54形）が開発されたため、以後の電車はこれを搭載することになった。そのため、電動車の形式名はモハ112・113と区別、113系という新系列になっている。ただし、付随車（クハ111、サロ110など）は111系のものがそのまま使えるので、形式名はそのままで増備されている。

こうして111・113系は合わせて3000両近く増備され、国鉄近郊形電車では最多の車両となった。東海道本線では当初、首都圏および関西圏を中心に導入されていったが、1977（昭和52）年まで新製配備が続き、その全区間で活躍するようになっている。なお、113系の製造は、その後、1982（同57）年まで続いている。

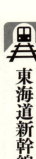

東海道新幹線開業と"5方面作戦"

東京五輪目前に東海道新幹線が開業

こうして東海道本線の能力を最大限活かす形で運行を続けながら、その抜本的増強改良となる東海道新幹線の工事が進められていった。

そこでは最高時速200キロ以上の速度で運転することをめざしていたが、この速度での営業運転というのは、当時の国鉄だけでなく、海外の鉄道にとっても未知の世界だった。そのため、実際の工事に入る前、東海道本線を使ってEH10形電気機関車、151系特急形電車などによる高速試験が行なわれた。ここでは小田急電鉄SE車（3000形、初代ロマンスカー）も借り入れた試験も行なっている。

SE車の高速試験は1957（昭和32）年に行なわれ、［函南］〜［沼津］間で時速145キロを出した。これはのちに151系が時速163キロを記録するまで、狭軌鉄道世界最高速度となっていた。

こうした知見も織り込みながら東海道新幹線の建設や車両開発が進められていった。そこには戦前の〝弾丸列車計画〟のルート・停車駅・トンネル・建設規定なども参考にされたという。

1962（同37）年4月には小田原郊外の［鴨宮《かものみや》］付近40キロの区間を「モデル線」として先に完成させ、翌月から試作車両を使った速度などの技術試験、乗務員の疲労度などの調査が行なわれた。速度向上試験では1963（同38）年3月30日に時速256キロに達し、当時の電車による世界記録を樹立している。

こうしたデータを反映させながら、新幹線の営業用車両が設計され、0系として登場したのである。具体的な設計は、東海道本線の電車特急「こだま」などに活躍していた15

1系電車をはじめとする近代型車両技術を結集するとともに、諸外国の鉄道車両や航空機を参考にして進められていった。

電源は交流2万5000ボルト、全車両が電動車となる方式を採用。1両あたり出力185キロワットのモーターを4個搭載、開業当時の12両編成では1列車あたりの総出力は8880キロワットという日本の電車史上画期的なものとなった。車体は在来線車両よりも幅が広くなったため、座席は二等車（現在の普通車）で3＋2列配置を採用した。これは現在の新幹線にまで基本的に踏襲されている。

こうして1964（同39）年10月1日、東海道新幹線は開業した。東京オリンピック開催を目前に控え、内外の注目が集まっていたこともあり、華々しい門出となった。

当時、速達タイプの超特急「ひかり」、各駅停車タイプの特急「こだま」とする設定で、料金体系も分かれていた。最高速度は時速210キロとされたが、その運行は線路の路盤が安定するまで安全を見込み、［東京］～［新大阪］間は「ひかり」で4時間、「こだま」で5時間とした。翌年のダイヤ改正では予定通り速度向上が行なわれ、以後「ひかり」は3時間10分、「こだま」は4時間運転となった。このとき、［東京］～［新大阪］間の「ひかり」の表定速度（運行距離を停車時間なども含めた所要時間で割ったもの）は時速162・8キロ、最高速度は時速210キロとなり、名実ともに世界最高速列車となったのである。

〝5方面作戦〟による東海道本線と横須賀線の改良

国鉄の第3次長期5カ年計画のテーマの一つは、通勤輸送の改善でもあった。これも東海道本線に関連するものがある。大きな事業としては［東京］付近で行なわれた、いわゆる〝5方面作戦〟だ。これは都心に集まる東海道・中央・東北・常磐・総武の5線においていっせいに線増をはかるというものだった。

東海道本線の場合、現在とは異なり、［東京］〜［大船］間で横須賀線と線路を共用しており、これが両線の列車増発のネックにもなっていた。これは［東京］〜［品川］間の地下に横須賀線用の複線別線を新設、［品川］〜［大船］間では在来の貨物線（［品川］〜［新鶴見］〜［鶴見］〜［横浜］〜［大船］。このうち、［品川］〜［鶴見］間は通称「品鶴線」）を経由させることで東海道本線と分離させることになった。東海道本線の列車番号はM、横須賀線の列車番号がSとなっていたため、通称「SM分離」とも呼ばれる施策である。また、当時、［汐留］発着で運行されていた貨物列車も都心部では限界になっていた。これは［汐留］〜［東京貨物ターミナル］〜［塩浜］〜［鶴見］〜［大船］〜［小田原］間に新たな貨物線を新設することで対応させることになった（20ページ参照）。

［東京］～［品川］間を地下線とすることは1966（昭和41）年に決まったが、［東京］駅の地下ホームでは総武本線に接続、両線を直通運転することになった。まず、総武本線側の工事が進められ、1972（昭和47）年7月15日に［東京］駅地下ホームから総武本線が発着するようになった。引き続き［東京］～［品川］間の工事も進められ、この間は1973（同48）年6月30日に貫通、1976（同51）年10月1日には開業している。ただし、この時点で［品川］～［大船］間の横須賀線分離工事が完了していなかったので、当初は総武本線の電車が［品川］まで乗り入れる形で使用された。

なお、この［錦糸町］～［東京］～［品川］間は国鉄にとって初めての地下鉄道だった。

また、［品川］～［大船］間の貨物線に横須賀線の電車を走らせるためには、ここで運行されている貨物列車の扱いが問題になる。これは山手貨物線（いまの湘南新宿ラインのルート）経由で東京エリアを南北に抜ける貨物列車のルートとなっており、その列車密度は極めて過密だったのである。そこで新たに武蔵野線を新設、貨物列車のバイパス線とすることになった。

じつは武蔵野線は首都外郭環状線として1957（同32）年に着手していたが中断。第3次長期5カ年計画によって1965（昭和40）年から本格着工したものだった。1973（同48）年に［府中本町］～［新松戸］間などで開業しているが、［鶴見］～［新鶴見操車場」～「府中本町」間の延伸は1976（同51）年3月だった。これにより「品川」～「大船」間貨物線の横須賀線化が進み、1980（同55）年10月1日から「東京」～「大船」間で東海道本線との分離運転が始まった。このとき、「新川崎」・「東戸塚」の2駅が新規開業、また「保土ケ谷」は横須賀線のみの駅となった。

このほか、横須賀線では混雑緩和に向けて編成の延長もはかった。東海道本線の場合、すでに15両運転が行なわれていたが、横須賀線は12両であった。そこで、1968（同43）年には15両化が実施され、ピーク時の混雑率は240％から209％に緩和した。

特急「踊り子」が誕生する

1981（昭和56）年10月1日、東京と湘南・伊豆地方を結ぶ特急「踊り子」が誕生した。

車両はその年誕生したばかりの185系電車。アイボリーの車体にグリーンのストライプを施した塗色は国鉄車両の概念を一新するデザインで、列車名とともに大きな話題を呼んだ。

当初、「踊り子」の運行区間は「東京」～「伊豆急下田」・「修善寺」間だったが、この列車の前身は戦前の伊東線全通時までさかのぼれそうだ。

伊東線は東海道本線丹那トンネル開通から4カ月後の1935（昭和10）年3月に「熱海」～「網代」間で開業。1938（同13）年12月に「伊東」まで全通しているが、このときから「東京」～「伊東」間を直通する準急3往復、普通3往復が運転されている。熱海、伊東などの沿線には温泉地が点在し、当時から行楽路線としての需要があったのだ。

しかし、戦時色が強まると直通運転は一旦終わり、再開は戦後のことだった。当初は客車列車によるささやかな運転だったが、1950（同25）年に80系電車が誕生すると、これを起用した「東京」～「伊東」・「沼津」間の直通運転も開始された。さらに同年10月からは80系による週末運転の準急「あまぎ」も誕生している。これは国鉄の電車準急の嚆矢《こうし》でもあった。そして人気列車となり、徐々に「はつしま」「いでゆ」「伊豆（いず、いづ）」といった電車準急が増発され、「三島」から伊豆箱根鉄道駿豆線に乗り入れ、「修善寺」に直通する運転も行なわれるようになった。

1958（同33）年に153系がデビュー。当初は「東京」～「名古屋」間の準急「東海」などに起用されたが、増備が進むにつれ、「東京」～「伊東」・「修善寺」間の準急にも使用されるようになっていく。

1959（昭和34）年には「東京」～「日光」間の準急向けに157系電車がデビュー

した。準急列車向けという設定だったが、設備は特急用車両に引けを取らないもので、151系と153系の中庸といった車両だった。

同年から準急「日光」として運転されたが、時折、「伊東」まで延長運転され、のちに「湘南日光」という列車名で運転されたこともある。また、1961（同36）年12月には伊豆急行が開業、「伊豆急下田」への直通運転も始まった。

1966（同41）年3月、料金規則の改定で、湘南準急はすべて急行に格上げされた。さらに〝43・10〟こと1968（同43）年10月改正では、多彩だった列車名が整理され「あまぎ」「伊豆」「おくいず」に統合される。当時の車両は153系と157系が使われていたが、車両設備が違いすぎることから、1969（同44）年4月から157系使用の「あまぎ」を特急に格上げすることになった。

その後、「おくいず」は「伊豆」に統合され、特急「あまぎ」は157系による「東京」～「伊豆急下田」間、急行「伊豆」は153系により「東京」～「伊豆急下田」・「修善寺」間となった。この体制はしばらく続いたが、車両の老朽化で1976（同51）年から特急「あまぎ」は183系に置き換えられた。

153系は急行「伊豆」などでの使用が続いたが、この老朽化も問題になってくる。車齢の若い姉妹車両165系を混用するなどしてしのいだが、代替えの185系が開発され

伊豆半島の海岸線を走る185系の特急「踊り子」

ることになった。

この車両は特急形ではあるが、東海道本線などで通勤輸送に使うことも考慮されていた。例えば、国鉄特急形車両の出入り口は片側1カ所が基本だったが、185系では車端部両側2カ所として、間口も特急形標準の700ミリから1000ミリに拡げている。いわば157系に近い発想でつくられたものだ。

185系は1981（同56）年2月から東海道本線で使用を開始。同年10月のダイヤ改正では特急「あまぎ」と急行「伊豆」を整理統合する形で、全列車を185系および183系による特急「踊り子」とした。183系はその後も「踊り子」に起用されたが、1985（昭和60）年3月で中央本線の特急「あずさ」に転属している。じつはこのとき、東北・上越新幹線［大宮］～［上野］間が開業。それまで185系で運転されていた同区間の「新幹線リレー号」が廃止された。その余剰車の一部が「踊り子」に充当され、全列車の185系化が完了したのだ。

185系はいまも、「踊り子」や湘南ライナーとして使われている。

加速する国鉄再建の動きのなかでも確実に改善を進める

線路施設が改良され、新型車両も次々と誕生するなか、国鉄の経営そのものは末期的な状況に陥っていた。

政府は「国鉄緊急事態宣言」を出し、1983（同58）年に「国鉄再建監理委員会」を設置。その後、監理委は分割民営化を前提とした提言を行ない、国鉄は分割民営化へと進んでいくことになる。

この間、国鉄でも多くの改善策を講じていた。その一つは貨物輸送体系の抜本的改革だった。

それまでの貨物輸送は、操車場で貨車を1両ずつ組み替えるため、時間がかかる。また、出発地周辺の操車場、目的地周辺の操車場で、場合によっては中継地点の操車場での組み替えが必要で、通常1日で移動できる距離であっても数日かかってしまう結果になった。

そこで1984（昭和59）年2月1日から操車場を経由する「集結輸送」をすべて廃止。拠点駅間を結ぶ「直行輸送」に切り替えたのだ。合わせて列車本数は1534本、1日当たりの列車キロは29・5万キロに縮小された。これは国鉄最大規模だった1969（同44）年に比較して列車本数は27%、列車キロは52%となるものだった。

これは輸送の主力がコンテナになっていたことでも実現できた施策だが、紙や石油などの専用貨物列車では有蓋車やタンク車による従来通りの運行も残った。これにより速達化、そして到着時間の明確化が実現、鉄道貨物輸送の生き残れる道を探ることになった。

また、国鉄近郊形電車の主力として、東海道本線でも第一線に立って活躍していた113系は車齢の高いものから取り換えの時期に入っていた。その代替車両として開発されたのが211系だ。車体は国鉄近郊形電車では初の軽量ステンレス構造をするなど、機構面でも工夫が凝らされ、省力化や省エネルギー化を進めている。また、使用線区におけるバリエーションも広げ、113系のような平坦線だけでなく、勾配線、あるいは寒冷地にも対応する設計となっている。

211系は1985（同60）年から製造が始まり、その第一陣は東海道本線や高崎線に導入された。東海道本線では1986（同61）年3月3日のダイヤ改正から営業運転を開始。以後、増備を重ね、東海道本線では［東京］～［大垣］間の主力車両となっていく。

なお、２１１系の開発が行なわれていた１９８５（同60）年３月14日のダイヤ改正から寝台特急「あさかぜ」「さくら」「はやぶさ」「みずほ」「富士」の［東京］～［下関］間牽引機が、１９６５（昭和40）年から活躍してきたＥＦ65形（１９７８年からＥＦ65Ｐ形からＥＦ65ＰＦ形に変更）からＥＦ66形に置き換えられた。これは「はやぶさ」にロビーカーを増結することで列車重量が増してＥＦ65形では所定の速度で走れなくなったこともあるが、貨物列車縮減でＥＦ66形の運用に余裕が出たこともあった。

また、１９８５（同60）年10月１日から東海道・山陽新幹線に０系のフルモデルチェンジとなる１００系が導入された。グリーン車や食堂車には新幹線初の２階建て車両を組み込んだ。なお、翌年11月１日改正から東海道・山陽新幹線の最高速度が時速２１０キロから時速２２０キロに引き上げられている。

国鉄分割民営化でＪＲグループに移行

１９８７（昭和62）年３月31日限りで日本国有鉄道が解散となり、その運営は翌４月１日から新たに発足したＪＲグループに引き継がれた。

東海道本線は［東京］～［熱海］間がＪＲ東日本、［熱海］～［米原］間がＪＲ東海、［米原］～［神戸］間がＪＲ西日本、東海道新幹線は［東京］～［新大阪］間全線がＪＲ東海の管轄となった。また、横須賀線は全線ＪＲ東日本が担当している。

以後はＪＲ東日本の管轄する東海道本線首都圏エリアの動きを中心に紹介しよう。

新車導入でサービスアップが続く

ＪＲ発足後、初の大きなダイヤ改正は「一本列島」というキャッチコピーでも知られる１９８８（昭和63）年３月13日改正だった。この日開通した青函トンネル、そして同年４月10日に開通した瀬戸大橋を基軸として行なわれたものだが、東海道本線関連は［東京］～［宇野］（岡山県）間で運転されていた寝台特急「瀬戸」が四国の［高松］まで直通するようになったぐらいで、大きな変化はなかった。

このころ、東海道本線および横須賀線では慢性的な輸送力不足が続いていたが、特に両線ではグリーン車の需要が多くなってきていた。そこで当時活躍していた１１３系および２１１系に２階建てグリーン車を導入、座席数の増加に努めた。この運転は１９８９（平成元）年２月25日から始まっているが、同年３月11日からは［東京］～［熱海］間に快速

2階建て車両も連結された「スーパービュー踊り子」(Linearcity CC BY-SA 3.0)

「アクティー」を設定し、速達性の改善も行なっている。

さらに１９９２（同４）年3月14日からは、オール2階建てとした２１５系も投入された。これは座席定員を増やす目的で開発された車両で、着席率の向上をめざしたものだ。

一方、乗降口は各車両2カ所、また車内に階段があるため乗降時間もかかり、当初は「湘南ライナー」および快速「アクティー」で運用している。その後、２１５系が増備され、快速「アクティー」が増発されている。

また、１９９４（同6）年には横須賀・総武本線用１１３系の置き換えをはかるため、Ｅ２１７系が開発された。この車両は出入り口を4カ所として乗降のしやすさをめざした。国鉄／ＪＲを通して近郊形車両としては初の

4扉車となったが、以後、JR東日本の首都圏近郊形では標準スタイルとなった。E217系は同年12月3日から運用に入っている。その後も増備が続けられ、1999（平成11）年までに置き換えが完了した。

特急列車としては、1990（同2）年4月28日から251系による「スーパービュー踊り子」の運転が始まった。

251系は「乗ったらそこは伊豆」をテーマコンセプトとして観光輸送に特化して開発された車両だ。10両固定編成のうち3両がダブルデッカー（2階建て車両）、ほかはハイデッカーにして座席からの眺望を確保。車内でのゆったりとしたくつろぎも提供した。また、［東京］駅発着だけでなく、当初から［新宿］や［池袋］発着列車も設定されている。また、1991（同3）年3月19日からは253系による「成田エクスプレス」の運転も始まった。

これは新東京国際空港（現・成田国際空港）に直結する成田空港高速鉄道の開業によって設定された特急で、［横浜］・［新宿］発着、［東京］駅で両列車を分割併合する形で成田空港に向かった。

このうち、［東京］～［横浜］間は横須賀線だった。なお、1993（同5）年からは一部列車が［大船］まで延長運転されるようになった。

東海道本線急行形電車の運転に終止符を打ったJR東海の373系電車（Rsa CC BY-SA 3.0）

1996（同8）年3月16日に［東京］～［静岡］間で運転されていた165系急行「東海」に、JR東海の373系が投入され、列車も特急に格上げされた。

373系は165系の置き換え用にJR東海が開発した車両で、前年から身延線で営業運転が始まっていた。

この改正では急行「東海」とともに165系で運転されていた普通列車の「大垣夜行」も373系化され、列車名は快速「ムーンライトながら」となった。

さらに一部区間は全車座席指定制とした。これは［東京］～［熱海］間などで通勤時間帯と重なり、特に下り列車の場合、本来の利用者が乗りにくい状況にあったための施策だった。

これにより1958（昭和33）年の153系から165系へと続いてきた東海道本線急行形電車の運転が終止符を打った。なお、同年7月25日からJR東海のほかの特急愛称に合わせて「（ワイドビュー）東海」呼ばれるようになった。

寝台特急「サンライズ瀬戸・出雲」誕生

1998（平成10）年7月10日、新型の285系寝台電車が導入され、ブルートレインとして寝台客車で運行されていた寝台特急「瀬戸」「出雲」が電車化された。列車名も新たに「サンライズ瀬戸」「サンライズ出雲」となったが、「東京」～「岡山」間は両列車が併結運転されることになった。これにより従来の「瀬戸」は廃止（同年8月31日まで引き続き臨時運転）、当時2往復体制で運転されていた「出雲」は1往復に減便となった。

285系は寝台特急のサービスアップなどを狙って開発されたもので、寝台電車としては1968（昭和43）年に登場した583系以来の新型車となった。客室はJR発足後、特に需要の伸びていた個室寝台を中心に構成された一方、寝台料金ではなく座席指定料で利用できるリーズナブルな「ノビノビ座席」も用意された。また、シャワールームも用意され、A寝台利用者は無料、そのほかの利用者は有料となった。なお、食堂車は用意さ

予約のとりにくい人気列車「サンライズ出雲・瀬戸」。座席指定料金で利用できる「ノビノビ座席」が好評（Mitsuki-2368 CC BY-SA 3.0、W0746203-1 CC BY-SA 3.0）

れなかったが、飲料などの自動販売機を設置することで対応している。

じつは寝台特急の需要は国鉄晩年の度重なる料金値上げ、空路や新幹線網の整備が進んでいたことで民営化当初から落ち込んでいた。さらにこの時代は高速道路網の整備による夜行長距離バスも台頭してきており、極めて厳しい状況にあった。このころ、人気があったのは青函トンネル開通で運転されるようになった「北斗星」「トワイライトエクスプレス」ぐらいで、東海道ブルートレインは閑古鳥が鳴く状態だったのだ。

そのため、東海道本線を走る寝台特急では1993（平成5）年3月18日のダイヤ改正で食堂車営業を休止。さらに1994（同6）年12月2日改正では「東京」～「博多」間の

「あさかぜ１・４号」、「東京」～「熊本」間の「瑞穂《みずほ》」を廃止するなど、縮小合理化が進められていた。２８５系はこうした状況のなか、新たな寝台特急の望みをかけて開発されたのである。

「サンライズ瀬戸・出雲」はＪＲの希望を叶えるがごとく、好調に推移していくが、寝台特急そのものの需要は落ち込む一方で、20世紀末を迎えようとしていた１９９９（同11）年12月４日改正では「東京」～「長崎」間の「さくら」と、「東京」～「熊本」間の「はやぶさ」が「東京」～「鳥栖」間で併結運転されるようになった。列車は２本のまま存続したわけだが、編成は半減したことになる。

新しい運転系統の創出とブルートレインの終焉

東海道本線と東北本線、横須賀線と高崎線の直通運転

２００１（平成13）年12月１日ダイヤ改正から新たに「湘南新宿ライン」という系統での運行が始まった。これは山手線と並行して走っている山手貨物線を経由して、東海道本

線と東北本線、横須賀線と高崎線を直通運転させるものだ。

設定時の運行区間や主な停車駅は、東海道本線系統が［小田原］［国府津］など～各駅～［大船］［戸塚］［横浜］［恵比寿］［渋谷］［新宿］［池袋］［赤羽］［大宮］～各駅～［籠原］［高崎］など。

横須賀線系統が［久里浜］～各駅～［大船］［戸塚］［東戸塚］［保土ケ谷］［横浜］［新川崎］［西大井］［恵比寿］［渋谷］［新宿］［池袋］［赤羽］［大宮］～各駅～［小金井］［宇都宮］などとなっていた。当初、両系統とも［大崎］駅を通過していた。このほか、［横浜］駅を経由しない「湘南新宿ライナー」も設定されており、駅名だけではどのようなルートで走っているのか、なかなか理解できないにちがいない。列車種別は各駅停車のほか、快速があり、のちに特別快速も設定されている。

基本となる「湘南新宿ライン」設定のポイントは、山手貨物線を旅客線として使っていることだ。これは国鉄時代の〝5方面作戦〟で東海道本線と横須賀線の分離をはかる際、武蔵野線をつくって品鶴線を走る貨物列車の本数を減量して横須賀線を通すようにしたが、武蔵野線開通は山手貨物線を走る貨物列車の減量にも貢献したのだ。

ＪＲ東日本発足後の１９８８（昭和63）年3月13日改正から東北本線・高崎線の電車を東北貨物線・山手貨物線経由として［池袋］に発着する列車を設定。同年7月6日から東海道本線の通勤向け「湘南ライナー」を東海道貨物線・品鶴線（横須賀線の走る路線）・山手貨物線経由で新宿に発着させ、湘南新宿ラインの原形に近い運転が始まっている。

この山手貨物線・品鶴線ルートは、その後運転を開始した「スーパービュー踊り子」「成田エクスプレス」などでも活用されており、その集大成的な運転といえる。

「湘南新宿ライン」は、新宿を中心とした東京山手エリアから南北への移動の利便性をはかるものとなっているが、さらに南北直通運転は、車両の共通運用化による車両数の削減等、車両基地の共通化による整備コストの削減、都心に立地する車両基地の郊外移転と再開発を可能にする、といった鉄道運営面も目的の一つだった。

この路線を走るE231系は通勤形、近郊形の双方に共通して使える汎用形として開発された電車で、一般形と呼ばれることもある。基本構造を共通化させながら内装などは投入路線に合わせて調整されているのも特徴だ。

2000（平成12）年から量産が始まり、高崎線や東北本線には115系の置き換え用として投入、これが「湘南新宿ライン」として東海道本線・横須賀線へも足を延ばすようになった。

なお、2006（同18）年にはE231系を進化させたE233系も誕生している。これも通勤形、近郊形の双方に共通して使える汎用形で、東海道本線では2008（同20）

コンテナ輸送の高速化のために導入された「スーパーレールカーゴ」(Rsa CC BY-SA 3.0

年3月から営業運転開始、「湘南新宿ライン」でも2015(同27)年3月14日から使用されるようになった。

M250系「スーパーレールカーゴ」誕生

2004(平成16)年3月13日、東海道本線経由で「東京貨物ターミナル」と大阪の「安治川口」(桜島線)を結ぶJR貨物の「スーパーレールカーゴ」が運転を開始した。これはコンテナ輸送のさらなる高速化をはかるために開発されたM250系コンテナ電車によるものだ。

この電車は16両編成で、編成両端2両ずつ計4両が電動車、中間12両が附随車となっている。コンテナは大型の31フィート限定で、編成全体では28個積載できる。運転速度は最高時速130キロで、［東京貨物ターミナル］〜［安治川口］間を6時間11分で結んだ。JR発足後、コンテナ列車の高速化が進められてきたが、これは圧倒的に速い列車となった。表定速度は時速90・6キロに達し、これは東海道新幹線開業前に［東京］〜［大阪］間を結んでいた151系特急「こだま」の時速80・1キロをはるかに上まわっている。

電車の場合、機関車牽引列車より加速性性能が良く、勾配区間での均衡速度も高い。「スーパーレールカーゴ」はその特性をうまく活かして開発されたものだ。

なお、「スーパーレールカーゴ」は登場以来今日まで1日1往復の設定のまま推移している。荷主は佐川急便1社だけで1列車専用する形となり、これも変わっていない。じつはM250系のメリットを活かすには、安定した需要と適切な運行区間が必要だ。これがネックとなり、その後の量産は行なわれていない。

ブルートレインが惜しまれて引退する

2009（平成21）年3月14日のダイヤ改正を機に［東京］〜［熊本］・［大分］間を結んでいた寝台特急「はやぶさ」「富士」が廃止された。

最末期は寝台特急「富士・はやぶさ」として併結運転された

列車の運行は前日出発分が最後。この日、東海道本線を走ったのは［東京］行きの上り列車だけだった。この列車を最後に［東京］駅発着で東海道本線を走るブルートレインは全廃。またEF66形による定期旅客列車もなくなってしまった。

ブルートレインは、［東京］～［博多］間を結んでいた「あさかぜ」に1958（昭和33）年10月1日から20系客車を導入、その車両の塗色のイメージから生まれた言葉で、国鉄／JRで客車による寝台特急の代名詞ともなっていた。ブルートレインは「あさかぜ」に続き、東海道本線をはじめ全国の幹線で運転されるようになり、運転本数の上では昭和40年代がピークとなった。国鉄晩年に向けて減少していくが、残った列車はJRグループ

1980年以降に運行されていたブルートレインの変遷

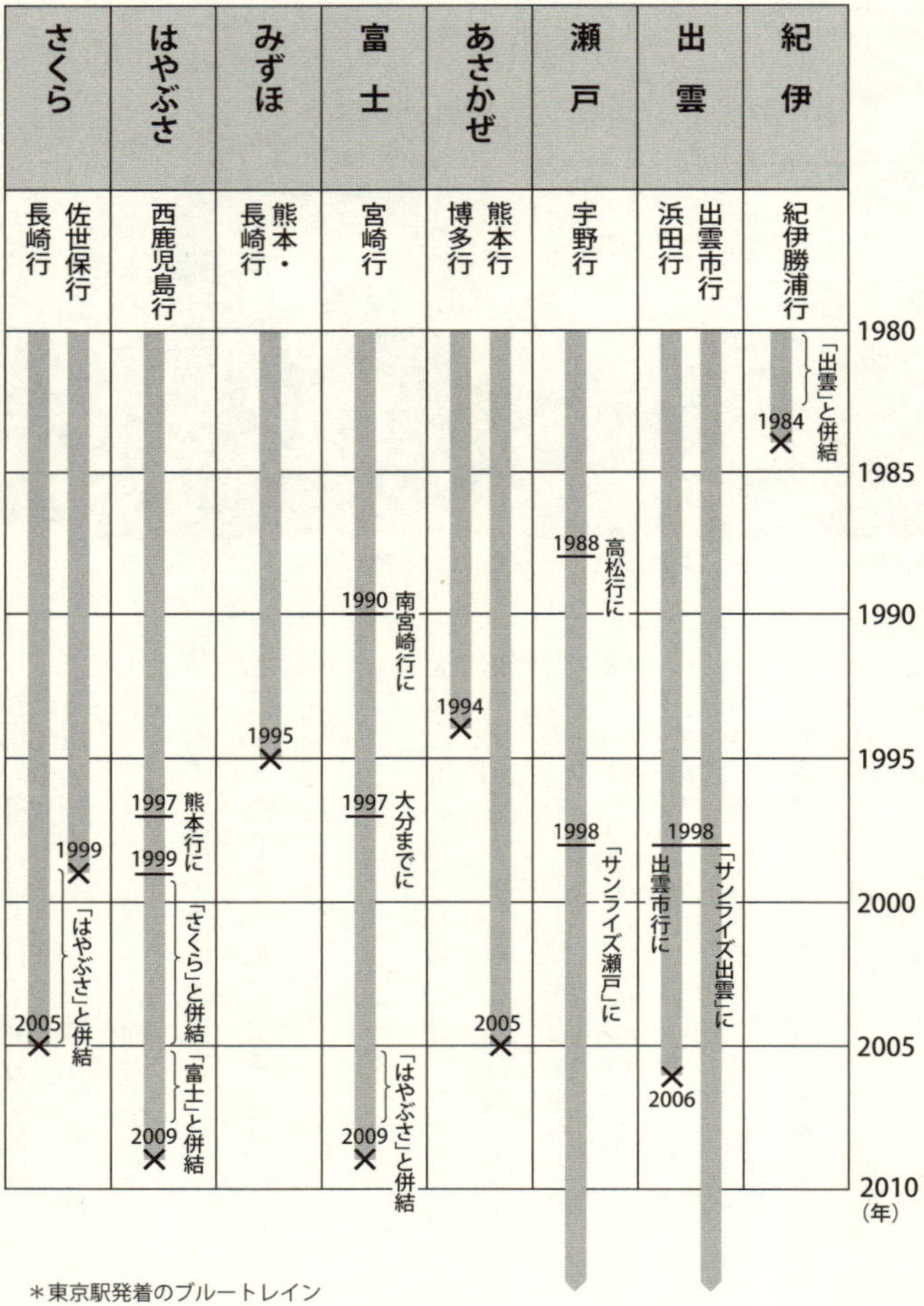

＊東京駅発着のブルートレイン

に引き継がれていた。

時代が21世紀となったとき、東海道本線で運転されるブルートレインは、［東京］～［長崎］間の「さくら」、［東京］～［熊本］間の「はやぶさ」、［東京］～［大分］間の「富士」、［東京］～［下関］間の「あさかぜ」、［東京］～［出雲市］間の「出雲」となっていた。このほか、［東京］～［大阪］間の寝台急行「銀河」も運転されており、急行ながらブルートレインの仲間としてもいいだろう。結構、残っているようにも思えるが、このうち「さくら」「はやぶさ」は1999（平成11）年から［東京］～［鳥栖］間を併結運転しており、東海道本線区間では1本の列車として運転されている。

2004（同16）年3月13日に九州新幹線［新八代］～［鹿児島中央］間先行開業の影響を受け、「なは」は［新大阪］～［熊本］間の運転になったが、この後、九州ブルートレインは急速に終息していくことになる。

2005（同17）年3月1日のダイヤ改正で「さくら」「あさかぜ」が廃止され、「はやぶさ」はこのときから「富士」と［東京］～［小倉］間で併結運転されるようになる。つまり、この2列車は、それぞれ編成が半減されたのだ。同年10月1日のダイヤ改正では「彗星」が廃止され、「なは」と「あかつき」が［京都］～［鳥栖］間で併結運転されるようになる。

これにより「なは」としては［京都］～［新大阪］間の延長運転になったが、やはり編成が半減されていることに変わりはない。

2006（平成18）年3月18日改正では「出雲」が廃止となった。途中の経由ルートを「サンライズ出雲」と変えて需要を確保していたが、この時代はやはり供給過多ということになってしまっていたようだ。

そして2008（同20）年3月15日改正では、最後の寝台急行だった「銀河」も廃止される。

こうして2009（同21）年3月14日の終焉を迎えることになった。

「上野東京ライン」が開業する

2015（平成27）年3月14日ダイヤ改正で「上野東京ライン」が開業した。

このダイヤ改正では北陸新幹線が［金沢］延伸を果たしたことが大きな話題となったが、東海道本線にとっては極めて大きな変革の一つになっている。

これはその名の通り、［上野］～［東京］間に線路を増設、［上野］駅に発着する東北本線・高崎線・常磐線と、［東京］駅に発着する東海道本線を直通運転させるものだ。

上野～東京間の路線の変遷

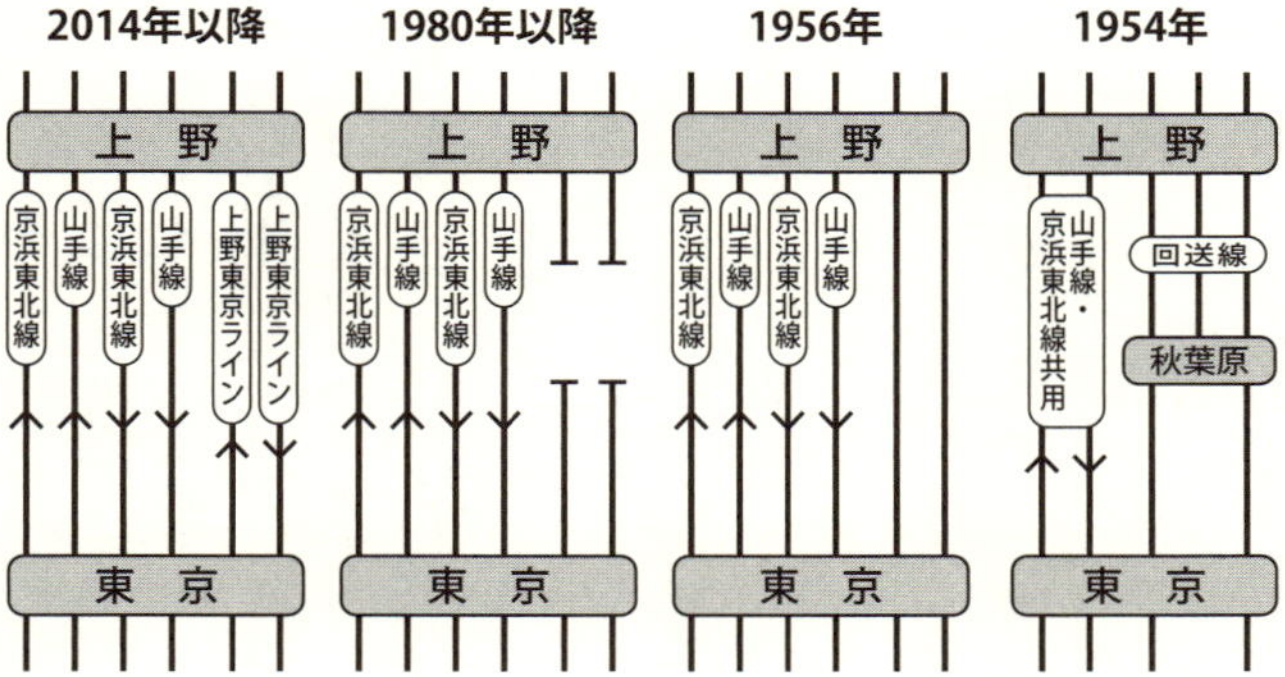

＊新幹線は除く

上野東京ライン開通前、「東京」～「上野」間の線路（戸籍上は「東京」駅を起点とした東北本線）は、山手線・京浜東北線の複々線（4線）と東北新幹線となっていたが、在来線だけで3複線（6線）となっていた時代もある。

この間は大正期の山手線運転で線路（複線）が通じていた。昭和に入って現在の京浜東北線の前身となる電車もこの間で運転されるようになるが、線路は共用されて複線のままだった。

戦後の1954（昭和29）年4月、「東京」～「上野」間で2本線路を増やし「東京」～「秋葉原」間を4線、「秋葉原」～「上野」間を5線（この間は先に3線化されていた）とした。この増設線は主に車両回送に使われている。

さらに１９５６（昭和31）年11月には山手線と京浜東北線をそれぞれ個別の複線とすべく増設され、かくして［上野］～［東京］間は３複線（６線）となったのだ。

山手線と京浜東北線以外の２線は回送線として使用される一方、定期列車や臨時列車の運転も行なわれている。東北本線・常磐線・高崎線などから［東京］、あるいは［新橋］や［品川］まで足を延ばすほか、先述した１５７系の「湘南日光」など東海道本線経由で［伊東］に向かい運転されている。

また、常磐線では１９６１（同36）年６月に［取手］～［勝田］間が電化されるまで、［上野］発着列車はＣ62形などの蒸気機関車で運転されていた。これが回送線を経由して［新橋］（晩年は［東京］）発着となる列車もあり、じつはこれが東海道本線を走るＣ62形最後の定期列車でもあった。

こうしてユニークな使われ方もされていた回送線ではあったが、１９７３（同48）年で定期旅客列車の運行は終了。［品川］発着とする臨時列車の運行も１９７５（同50）年で終了している。

また、１９７１（同46）年には東北新幹線の工事が着工となった。当初は都心側のルートが定まらず、１９８２（同57）年６月23日に［大宮］～［盛岡］間で暫定開業となるが、やがて「上野」、「東京」へと延伸の見込みが立ち、回送線の用地を東北新幹線に活用することになった。

こうして1983（同58）年1月限りで直通運転を廃止。「神田」～「秋葉原」間などでは線路が撤去された。「東京」、「上野」側の残った線路は留置線として活用されることになり、「東京」では東海道本線の列車の折り返し線となっている。

この状態で国鉄の分割民営化を経て、該当区間はJR東日本の管轄となったが、この区間の在来線復活は先に完成した「湘南新宿ライン」同様、南北を直通する新たなルートとなった。

そして、首都圏の利便性を高め、なおかつ運用合理化などにも役立つと判断され、「東北縦貫線」の名称で計画が進められ、ついに2008（平成20）年5月30日に着工となった。線路は回送線の単なる復活ではなく、一部区間は東北新幹線と重層構造の高架線とされ、2014（同26）年6月4日にレールが締結された。その後、諸施設の整備や試運転が行なわれ、翌年の開業を迎えたのである。

「上野東京ライン」の運行形態は、東北本線（宇都宮線）・高崎線～東海道本線の直通運転のほか、常磐線は「品川」で折り返す2つの設定がある。東海道本線の普通電車で見ると、日中は基本的に直通運転され、「東京」駅発着列車は早朝・深夜のごくわずか設定されているだけとなった。

直通運転される範囲は湘南新宿ラインよりも広く、東海道本線側は大半が［熱海］まで、一部は伊東線の［伊東］、ＪＲ東海の［沼津］まで足を延ばすものもある。また、東北線（宇都宮線）側は［宇都宮］のほか、［黒磯］直通もある。

高崎線は、大半が［高崎］折り返しだが、一部は両毛線の［前橋］まで直通する列車もある。

これにより［熱海］～［黒磯］間の２６８・１キロなど、もはや近郊電車とはいえない、長距離列車並みの運転も見られるようになった。これらは各駅停車だけでなく、快速の設定もある。

上野東京ラインの完成により、車両基地を都心側に置かなくても効率的な運転ができるようになった。そこで［田町］～［品川］間にあった車両基地（田町車両センター、東京総合車両センター）は施設や組織を整備し、捻出された余剰地は山手線の「品川新駅（仮称）」とされる山手線・京浜東北線の新駅設置を含む「品川開発プロジェクト」の用地として活用されている。

現在工事が進められ、新駅は東京オリンピック・パラリンピックが開催される２０２０年春に暫定開業、２０２４年度に本開業の予定だ。

◎参考文献

『日本国有鉄道百年史』（各巻／日本国有鉄道）、『国鉄全線各駅停車④　関東510駅』（相賀徹夫著／小学館）、『この駅名に問題あり』（楠原佑介著／草思社）、『鉄道技術用語辞典』（鉄道技術総合研究所編／丸善）、『鉄道要覧』（平成28年度／国土交通省鉄道局監修／電気車研究会）、『日本鉄道史年表（国鉄・JR）』（三宅俊彦著／グランプリ出版）、『日本鉄道旅行地図帳』（今尾恵介監修／新潮社）、『日本鉄道旅行歴史地図帳』（今尾恵介・原武史監修／新潮社）、『日本の鉄道120年の話』（沢和哉著・築地書館）、『日本の鉄道ことはじめ』（沢和哉著／築地書館）、『日本の鉄道こぼれ話』（沢和哉著／築地書館）ほか。

以上のほか、官公庁、関係各社等のWebサイト、新聞各紙の縮刷版などを参考にさせていただきました。

■ 編著者

松本典久 Norihisa Matsumoto

1955年、東京都生まれ。東海大学卒業。出版社勤務を経て、1982年からフリーランスの鉄道ジャーナリストとして活躍。鉄道や旅などを主なテーマとして執筆し、鉄道専門誌「鉄道ファン」などに寄稿するとともに、鉄道や鉄道模型に関する書籍、ムックの執筆や編著などを行なっている。著書や編著書、監修書は数多く、代表的な近著に『時刻表が刻んだあの瞬間――JR30年の軌跡』（JTBパブリッシング）、『東京の鉄道名所さんぽ100』（成美堂出版）、『Nゲージ鉄道模型レイアウトの教科書』（大泉書店）などがある。

カバーデザイン・イラスト：杉本欣右
本文デザイン・ＤＴＰ：島崎幸枝
編集協力：風土文化社／神田綾子
写真：松本典久、編集部
企画・進行：磯部祥行（実業之日本社）
※本書は書下ろしオリジナルです。

じっぴコンパクト新書　349

JIPPI Compact

ＪＲ《ジェーアール》東海道線《とうかいどうせん》・横須賀線《よこすかせん》
沿線《えんせん》の不思議《ふしぎ》と謎《なぞ》 東京近郊編《とうきょうきんこうへん》

2018年5月31日　初版第1刷発行

編著者……………松本典久
発行者……………岩野裕一
発行所……………株式会社実業之日本社
〒153-0044 東京都目黒区大橋 1-5-1 クロスエアタワー 8 階
電話（編集）03-6809-0452
　　（販売）03-6809-0495
http://www.j-n.co.jp/
印刷・製本…………大日本印刷株式会社

ISBN 978-4-408-33781-4（第一趣味）